大前研一通信・特別保存版 Part. 11

自ら人生の
舵を取れ！

Find yourself
Lead yourself

大前　研一
ビジネス・ブレークスルー出版事務局
編　著

ビジネス・ブレークスルー出版

大前研一通信・特別保存版 Part. 11

自ら人生の舵を取れ！

Find yourself
Lead yourself

大前　研一
ビジネス・ブレークスルー出版事務局
編　著

ビジネス・ブレークスルー出版

はじめに

「デジタル・ディスラプション時代に必要な真のリーダーシップとは」

　AI、ロボット、IoT、ビッグデータ、仮想通貨、フィンテック、、、現在、あらゆる業界において生じているデジタル化によるイノベーションと表裏一体の破壊的な変革（デジタル・ディスラプション）が、実は、民衆の革命となる可能性を持っていると大前研一は、本書の中で次のように指摘しています。

　「これは真に民衆が主導する革命が可能となる時代が訪れたと言えるように思います。今までは農協、銀行、メディア、業界団体といったサービスの提供者側が市場の論理をつくって、我々はその中で選択をさせられてきたに過ぎませんでした。しかし今やこの民衆のほうが情報を握って提供者そのものを選んでしまう、あるいは拒絶してしまうことさえ可能となっている、ということです。現在我々はフランス革命以来の大変革、テクノロジーが民衆に主導権を与える革命の時代に生きていると言えるのではないでしょうか。」（大前研一ビジネスジャーナル No.13/masterpeace より）

　詳しくは、本書に譲りますが、この様な変化の激しい先が見えにくい時代にこそ、我々は、進むべき道を見極めるためにも、自らを見つめ、知ること（内省）で行動につなげていくという真のリーダーシップを追求するべきではないでしょうか。

　この書籍の第1章では、私たちを取り巻くデジタル・ディスラプションをはじめとする厳しい環境の中、個人や企業は如何に対処し、行動していくべきか、また以前から日本に真のリーダーシップ教育がない

という危機感を持ち、自らリーダーシップアクションプログラム（LAP）を監修した大前研一の発信の中から、過去、月刊情報誌「大前研一通信」に掲載した関連記事などのメッセージをご紹介し、続く第2章では、幼少期からグローバルリーダーになることを視野に「自ら人生の舵を取る」大人に育てる教育を詳細に解説。第3章では、「多様なリーダーシップ教育」として、既存の学校教育から見ると、デジタル・ディスラプションとも言える、稼ぐ力となる幼少期からの「プログラミング教育」や、「実践ビジネス英語講座（PEGL）」のリーダーシップ力トレーニングコースなどもご紹介しています。

　国際的に貢献・活躍できるようなリーダー育成を、幼児から大人（経営者）まで三世代に渡り支援する生涯教育プラットフォームでもあるビジネス・ブレークスルー（BBT）を率いる大前研一の発信や、本書のメッセージが、読者の皆さん自身の人生を見つめる機会になり、「自ら舵を取る」行動の一助となれば幸いです。

　　　2018年2月

大前研一通信　　小林　豊司

—戦後日本が初めて経験する先の見えない国難の時代。リーダーに求められる資質は大きく変わった—

「リーダーシップとは、上に立つ者が自分の考えや主張を部下に押し付けることではない。そもそもリーダーは万能ではないし、あらゆる知識を持っているわけではない。むしろ自分以上の知識や能力を備えた人材を選び抜いて部下としてそばに置き、彼らが上司（すなわち自分）の判断にも異を唱えられるような有機的なチームを作る能力こそが求められる。そんな優秀な部下たちをマネージし、彼らの意見を聞いた上で、総合的に判断して結論を下す。それがリーダーのあるべき姿だと思う。」（大前研一著『「リーダーの条件」が変わった』小学館101新書より）

働き方や生き方が多様化している今、リーダーシップの意味を定義することは難しく、皆さんの置かれた状況や立場によってさまざまでしょう。ただ、一つ確かなのは、一昔前のようにロジックやフレームを振りかざすだけでは人が動かない時代になったということです。

人をリードする上で必要な、『スキル』も大切ですが、まずは己を知り、行動の源泉となる確固たる軸（信念）を自らの言葉で語れることが重要であり、リーダーシップの本質といっても過言ではありません。

その軸がしっかりと確立されていけば、ブレることなく決断でき、借り物ではない《自分の言葉》で周囲に伝えることができるはずです。即ち、芯があり一貫性のある言動が人の心をつかみ、人を動かすのではないでしょうか。

本書でもご紹介しておりますが、自分の思いを、自分の言葉で語るには《自己理解》が必要です。

スタンフォードビジネススクールの75名のアドバイザリー・カウンシルが、「リーダーが開発すべき、もっとも重要な能力は何か？」という問いに、ほぼ満場一致で《自己理解》と答えているように、リーダーシップの確立には自分自身を知ることが如何に重要であるか気づかされます。

まさにリーダーシップとは単に他者を導くだけでなく、自分自身の強みや方向性を知り、自ら人生の舵を取ることだと言えます。

一方、それは容易なことではなく、正しい《自己理解》には、大勢の人間と関わり、常にフィードバックを得られる環境が不可欠です。

ビジネス・ブレークスルーの「リーダーシップ・アクションプログラム（以下 LAP）」は、まさにそのための環境と、己を知り、言語化する訓練を提供するために構築されたプログラムです。全ての源泉となる『ブレない軸』と人をリードする上で必要な『スキル』の双方を時間を掛けて学び、自分なりのリーダーシップを確立していただきます。

特に第一章では、LAP 流ビジネスリーダー養成メソッドについて LAP 受講生の体験談を交えながらご紹介しておりますので、ぜひご一読ください。

本書が読者の皆さんのリーダーシップ開発のきっかけとなれば幸いです。

2018 年 3 月

リーダーシップ・アクションプログラム　　廣田　嘉明

◉ 自ら人生の舵を取れ！

目次

はじめに　2

第1章：真のリーダーシップ教育の必要性　11

1．デジタル・ディスラプション時代に求められる人と企業　12

（1）自ら学習を組み立て、自分の人生を設計せよ！デジタル・ディスラプション時代に求められる人材とは　12

　　◎旧来型の学び舎にこだわる文部科学省の執心　12

　　◎文部科学省的な日本の教育は確実にディスラプトされる　13

　　◎サラリーマンへ。自分で食べる力を身につけよ　14

　　◎人生の3つのフェイズ―「学ぶ時代」「勤務する時代」「自分の事業をやる時代」　16

（2）デジタル・ディスラプションとは何か？　18

　　◎イノベーションと表裏一体の破壊的変革、それがデジタル・ディスラプション　18

　　◎ユーザー側の主導で業界秩序を再編できる時代の到来　20

（3）デジタル・ディスラプションを民衆の革命とするために　23

　　◎デジタル・ディスラプションはなぜ訪れるのか　23

（4）ロボットアドバイザー投資より自己投資で稼ぐ力を身につけよ　28

　　◎「フィンテック革命」で"お金の民主化"が進む　28

　　◎ロボットアドバイザーは銀行や証券会社よりマシ　29

（5）いかにして企業の「稼ぐ力」を高めるか？　31

　　①企業の「稼ぐ力」を高めるための8つの論点　31

　　②論点1：間接業務の生産性を向上させるには？　31

【いま日本で求められる「真のリーダーシップ」とは】　38

　　リーダーシップには3つのタイプがある　38

【ビジネスリーダー　「三種の神器」】　42

　　「サイバー・リーダーシップ」を身に付けよ　43

自ら人生の舵を取れ！●

2．真のリーダーシップを考える　*45*

（1）時代遅れのリーダーたちへ　*45*

日本の教育からリーダーは生まれない！　*45*

リーダーシップを履き違えるな！　*46*

（2）真のリーダーシップとは？　*47*

あなたもニュータイプになれる！（理想のリーダー養成所は、米国陸軍？）　*47*

（3）企業のリーダー教育は、もはや限界！　*49*

（4）ビジネスリーダーの「シップ」と「スキル」　*51*

（5）LAP 流ビジネスリーダー養成メソッドとは？　*53*

3．リーダーシップ・アクションプログラム──学長オリエンテーションより　*56*

【リーダーシップの根底にある3つの力】　*66*

（1）方向付けをする［ビジョン構想力］　*66*

◆常識を疑うことから始めよ　先見力と構想力を鍛える　*66*

◆右脳と左脳を総合的に駆使するビジネスのプロを目指せ！　*80*

（2）組織をつくる［組織構築力］　*83*

◆徳川家康──これほど尊敬に値する「経営者」はいない　*83*

（3）物事を成し遂げる［人を動かす力］　*85*

◆感動させるスピーチ力　*85*

1年間の受講を終えて　*89*

LAP 受講体験記　*90*

【1】リーダーシップの王道を学び実践することでタイムリーに職場で活かせる　*90*

【2】ヒトに関心を持ち、学び続けることの起点に　*91*

【3】リーダーシップの真実を探求した先に得たものとは　*95*

【4】辛くて、そして楽しく充実した LAP の1年間の振り返り　*99*

第2章 「自ら人生の舵を取る」大人に育てる　*103*

1．幼児学童期から身につけたい、21 世紀の「三種の神器」　*104*

自信を持てない日本の子どもたち　*104*

大前研一通信・特別保存版 Part.11　7

ペリー・プリスクール・プロジェクト　*105*

21世紀に身につけさせたい力　*107*

2. バイリンガルを目指す英語　109

2.1. なぜ幼児期から英語を始めるのか　109

英語の必要性　*109*

自動翻訳によって英語は不要になるか　*110*

語学学習のスタート時期　*111*

外国語・外国人への心理的ハードルを下げる　*113*

バイリンガル教育のメリット・デメリット　*114*

2.2. 幼児学童期の英語教育ストラテジー　117

英語環境に「浸す」──イマージョン　*117*

英語をおしえない　*120*

大量のインプット時間　*121*

質の高いインプットのために　*124*

3. 国際バカロレアが育む「考える力」　127

3.1. 探究型学習　127

科目別時間割がほとんどない時間割　*128*

探究のサイクル　*130*

「概念」を学習する　*133*

3.2. まとめ　137

第3章：多様なリーダーシップ教育　*141*

1. プログラミング教育におけるリーダーシップ　142

稼ぐ力となる「プログラミング教育」　*142*

第四次産業革命時代のリーダーに求められるもの　*143*

2. 英語教育におけるリーダーシップ　150

地球社会に貢献できる人材の育成　*150*

◎リーダーシップの獲得はコミュニケーション能力の育成から　*150*

グローバルに活躍するために何を学んでおくべきか〜グローバルリーダーとして身につけておくべきこと　*152*

実践ビジネス英語講座（PEGL）：リーダーシップ力トレーニングコース *163*

こんな課題をお持ちの方におすすめ *164*

得られること *164*

リーダーに必要とされる英語力 *164*

チームや組織を牽引し、動かす力 *164*

異文化を理解し、関係を構築する力 *165*

スキル修得の流れ *165*

Kenichi Ohmae's Practice of Global Communication ～ソクラテスの対話から学ぶ～ *167*

Leadership ～オンライン英会話レッスンと共に学ぶ～ *169*

外国人社員から"評価されない"日本人（前編） *171*

◎日本人マネジャーの"マイクロマネジメント"は自身の保身のため？ *172*

◎ホウレンソウ（報告・連絡・相談）は米国人社員には期待できない *174*

◎マイクロマネジメントの対極にあるエンパワーメントが米国のトレンド *174*

外国人社員から"評価されない"日本人（後編） *175*

Cultural Intelligence ～カルチュラル・インテリジェンス～ *179*

Global Literacy ～グローバル・リテラシー～ *181*

外国人の"主張の本心"が理解できますか？ *183*

BBT's Leadership Selection ～映像講義とディスカッションフォーラムで学ぶ～ *186*

大前研一 One Point Lessons ～オンライン英会話レッスンと共に学ぶ～ *187*

「集合研修」 *189*

BBT オンライン英会話レッスン～ Speaking as a Leader ～ *192*

リーダーシップ力トレーニングコースの受講生の声 *195*

第 1 章：真のリーダーシップ教育の必要性

1. デジタル・ディスラプション時代に求められる人と企業

（1）自ら学習を組み立て、自分の人生を設計せよ！デジタル・ディスラプション時代に求められる人材とは

◎旧来型の学び舎にこだわる文部科学省の執心

教育現場にデジタル・ディスラプションを

　私が常に言い続けているのは教育の重要性です。どんなコンサルティングも政策提言も、突き詰めて言えば「目的に合わせて人を育てよ。教育こそが大事だ」という話に帰結します。私の場合はそれを実践するべく、自分でオンライン制大学（ビジネス・ブレークスルー大学、以下 BBT 大学）をつくりました。世界のどこにいても勉強ができる環境、オンラインで全てが完結する、キャンパスのない大学および大学院を設置したのですが、これも既存の学校教育から見たら 1 つのデジタル・ディスラプションと言えるでしょう。

　BBT 大学の講師陣は全て現役あるいは引退したばかりの経営者といった実業の世界の人たちです。ビジネスについての学びを提供する、知識を教えるのではなくて考える力を鍛える、という目的で開学したため、実業の人たちを講師に招くのは私にしてみれば当たり前の話なのですが、文部科学省はよしとしません。アカデミックな人がいなければ駄目だとか、博士号取得者は何人いるのかと、そういった面ばか

りを突いてきます。しかし、むしろ「アカデミックなセオリーを教えることだけが教育ではない」というのが BBT 大学のスタンスです。

文部科学省の学術動向に関する意識は 30 年前のセンス

そもそも文部科学省の言うセオリーというものが実に旧態依然としています。彼らの頭にある経営理論はいまだにバリューチェーン分析といった過去のもので止まっています。マイケル・ポーターがこれを提唱したのは 30 年以上も前のことですが、今の時代にそのまま使える理論だとはさすがに言えないでしょう。

マイケル・デルがパソコンメーカーのデルを創業したのは、彼がテキサス大学オースティン校の学生だった頃、バリューチェーンを否定した論文を書いたところ、指導教員が「マイケル・ポーターの教えに逆らっている」と取り合わなかったことに端を発しています。この出来事に腹を立て、自らバリューチェーンの否定を実践するべく、注文に応じてパソコンを組み立てて売るというビジネスモデル（BTO）で業界に打って出たのです。これが一定の成功を収め、さらなる問題さえ見えてきている今日、まだバリューチェーンという過去の理論に固執することにいったい何の意味があるのでしょうか。

◎文部科学省的な日本の教育は確実にディスラプトされる

「学ぶ／教える」についての意識が変わってきている現在

こういう具合ですから、文部科学省が主導して行っている日本の学校教育こそ最もディスラプトされるべきだと言ってよいでしょう。今は自分が知りたいことを自分で検索して探し求め、知識を持っている人・分かる人に教えを請うて自ら学習を組み立てればよい時代で、またそうできる人間こそが生き残れる時代です。体系だった学問を秩序立てて教えていくというシステムそのものが、すでに一部ではディスラプトされてきているのです。もはや学校という場、キャンパスとい

う施設自体が不要な場合すらあります。しかし文部科学省は、ルールを決めてその通りに、しかるべき施設で行うのが教育だと思っていて、自分たちの言う通りにやらなければ学位は与えられないという考えでいます。

一部の教育者のために存在している日本の教育界

デジタル・ディスラプションの対象として最もふさわしい存在であるはずの日本の教育は、完全に文部科学省の庇護の下で辛うじて命脈を保っているに過ぎません。なぜかと言えば、決められたことを決められたようにしか教えられない人が教師をやっている業界だからです。教育界はまだまだディスラプトの余地のある業界です。

BBT大学では、勉強したいと思ったら海外にいても旅行していてもどこでも勉強できるように、教育コンテンツをすべてオンラインで提供しています。現在、BBT大学の受講生の大部分が通勤電車の中でスマホを使って勉強しているような人たちです。文部科学省がどう足掻こうとも時代は確実に変わってきているのです。

◎サラリーマンへ。自分で食べる力を身につけよ

退職金と年金だけでは老後を生きていけない時代

今は「自ら学習を組み立てればよい時代」だと述べましたが、こうした学習姿勢を根本的に持っていれば、老後の人生に大きく差が出てきます。

日本は今の財政状況だと間違いなく、今までのように年金が出せなくなります。年金の支給額が少なくなり、支給開始年齢が高くなり、掛け金が高くなり、自分が払った分よりもらえなくなるのが今の30歳以下の若い人たちの運命です。就職して一生懸命に勤め上げ、定年退職して、退職金と年金で悠悠自適の老後、などというライフスタイルは成長期の日本の生活モデルであって、これからの日本においてはま

ず成り立たないと見るべきでしょう。

定年後のために学びを。学びのために会社を活用せよ

では、老後をどうするか。めでたく終身雇用を全うできたとして、定年退職した後の生活をどうマネージしていくか。ここで「会社を退いてからキャッシュフローを生むような事業を自分は生み出せるのか？」ということが問題になってきます。これは徹頭徹尾会社人間タイプの人には無理な話に聞こえるかもしれません。しかし私は今、いろいろなところで言っています。「会社ぐらいいいところはないよ」と。

会社というのはその気になったら給料を受け取りながら40％の時間は何をしても目こぼししてもらえる場所です。会社で平日働いたとしても、土日を含めて与えられた時間の40％くらいは自分のために使うことができます。家に帰ってきてぼんやりテレビを見ているとか、帰らずに遊び歩くとか、そうした無駄なことはせずに、その時間で自分でお金を稼ぐ方法をいろいろと組み立ててはトライし、失敗しては再組み立てをする。こういう具合に40歳ぐらいから必死になってキャッシュを生む方法・事業を考え、勉強や練習を重ねていくのです。

今は残業に対する社会的圧力が非常に強くなっています。残業ができない環境であれば、圧力通り早く退勤してしまえばよいのです。死ぬほど働けば昇進昇給が保証されていた時代とは違って、死ぬほど働いても昇進も昇給もない場合があるのが今の世の中です。であれば、キャッシュを生む方法を自分で考え実践する。その時間を捻出するのにサラリーマン稼業ほど最適なライフスタイルはありません。定時で退勤・帰宅して土日の休みを全部使うとなれば、非常にたくさんの余暇時間が自分のために割り当てられます。このくらいの時間を割いてもできないような事業というものはあまりないと思います。

このように自分の人生を変えていく上で、デジタル・ディスラプションは非常に好都合な潮流です。どこにいても事業計画が立てられ、実際に起業することもスマホ1つで可能ですし、クラウドコンピューティ

ングで事業の進行状況の把握もできます。副業禁止の会社に勤めている場合はこうしたことを奥さん名義でやるのもよいでしょう。離婚したら資本を半分に割ればよいだけです。いずれにせよ、定年退職後に自分の事業というもので飯を食っていく、それで10年15年と稼いでいくためには、このデジタル・ディスラプション時代に自ら学習を組み立てていく、ひいては自分の人生を自分でつくっていくという姿勢が必須です。

◎人生の3つのフェイズ──「学ぶ時代」「勤務する時代」「自分の事業をやる時代」

自分で自分の時間の使い方を組み立てよ

　人生は「学ぶ時代」「勤務する時代」「自分の事業をやる時代」という3つのフェイズに分けることができます。これらは厳密に分けられるようなものではなく、サラリーマンをやりながら勉強することや自分の事業をやることも条件次第では可能ですし、自分の事業をやりながら悠悠自適に過ごすことも可能です。要は、自分で自分の時間の使い方を組み立てるということです。

　確実に言えることは「日本の成長期のサラリーマンと同じ時間配分をしていたらあなたは負けになる」ということです。繰り返しますが、自分で自分の時間の使い方を組み立てることが必要で、それをやらなければこの先は国に見捨てられるだけです。日本はこのまま何もしなければ、財政崩壊からデフォルトに入ってハイパーインフレになって、というシナリオをたどることになり、結果的に生活はもっと苦しくなります。したがって、国に見捨てられても文句を言わずに、自分の事業でキャッシュが稼げるように自分で着々と準備を進めていく必要が、どうしてもあるのです。そういう生き方を切り拓くために、デジタル・ディスラプションの到来をポジティブに受け取っていただきたいと思います。

人生設計にデジタル・ディスラプションを使え

　BBT 大学は世界のどこにいてもビジネスを学べるようなカリキュラムを、新しいタイプの会社の経営者の事例を数百パターンも挙げて提供しています。そういうものに触れ、デジタル時代における自分の能力を向上させるために自分に投資をすることが重要です。

　今、株式その他に投資をしてみたところで、マイナス金利継続と長期金利0%誘導の下では金利差は1%も付きません。そんなものにお金をつぎ込むよりも、自分に投資をして稼ぐ力をつけるほうが、はるかにリターンが大きくなるはずです。私は何も自分のビジネスの宣伝をしているわけではなく、教育という投資がいかに有効かつ有用であるか、その可能性を信じているからこそ、教育機会を提供するビジネスをやっているのです。このような時代認識があれば、人任せの時間配分や人生にはならないはずです。

　また、お子さんがいらっしゃる場合には、このような人生設計の刷新をできるだけ早めに一緒にやってしまうことをお勧めします。若い人のほうがこうしたことに関する理解と適性は年長者よりも上回っているはずです。若い世代と一緒に事業を2つ3つやってみるというのもよいでしょう。違う世代の人たちとの共存共栄は社会の多様性を構成する要素です。年長者ヅラなどして偉そうに振る舞っていないで、一緒にやってみるということが非常に重要ではないでしょうか。時代の流れや変化とともに、年齢や世代の違いというものもポジティブに受け止めていきましょう。

（大前研一ビジネスジャーナルNo.13より /masterpeace 2017年6月号）

（2）デジタル・ディスラプションとは何か？

◎イノベーションと表裏一体の破壊的変革、それがデジタル・ディスラプション

あらゆる業界において「産業の突然死」が進行している

デジタル・ディスラプションとは、端的に言えば、低コストのITツールやテクノロジーを活用し、新たなビジネスモデルを用いて商品・サービスを提供し、旧来型の産業・業界に創造的破壊を起こすことです（図-1）。このようなことを行う企業はデジタル・ディスラプターと呼ばれています。もっとも、ディスラプターの側は"イノベーション"を起こしたという自覚はあっても破壊者だとは自認していないでしょうから、これは"壊される側"の既存企業やエスタブリッシュメントの立場からの言葉だとも言えます。

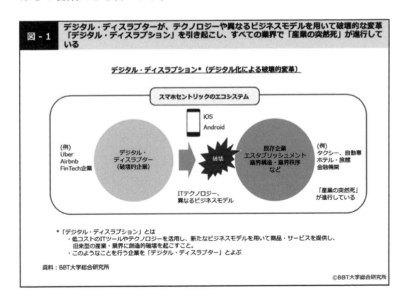

自ら人生の舵を取れ！◉

　デジタル・ディスラプションは世界でほぼ同時に生じ、進行してい
くのが大きな特徴です。今までの企業の世界展開の戦略は、Aという
国で事業が1つ成功したらその事業をB国に持っていって展開すると
いう、順次的かつ直列的なやり方でした。しかし今日の世界戦略はス
マートフォンを中心として起業家や出資者や既存企業などが結びつい
た事業の生態系、すなわちエコシステムを基盤にして、多くの国々で
同時に展開するようになっていますから、その破壊的変革も同時多発
的になるというわけです。いわば"スプリンクラー型"と言えます。

　世界で同時に起きたディスラプションの最も分かりやすい例とし
て、Uberが挙げられます。ライドシェアという新しいビジネスモデル
の提示によってUberは、全世界において既存の自動車産業をディスラ
プトしつつあります。しかしながら、このUber自体が、世界展開の中
でディスラプトされるような事例もないわけではありません。それを
中国に見ることができます。

　中国ではUberが入ってきた時、すぐにDidi Chuxing（滴滴出行）と
いう類似の配車サービスが登場しました。つまり即パクったわけです。
このDidiに資本を投入したのは、アリババグループのジャック・マー
とテンセントのポニー・マーです。いずれも中国を代表するIT企業の
トップですが、この2人が投資したDidiはあっという間に配車サービ
スで中国シェアの9割を握ってしまいました。Uberは1割のシェアと
いうことです。UberはDidiの何倍もの賃金で運転手を雇うということ
をやったために多額の損失を出し、最終的にはDidiに買収してもらっ
てUberブランドを存続するという結果に終わりました。

いち早く"パクる"ことは最大の防御になり得る

　このように、ディスラプターが襲来してきたらすぐにパクるという
のは、防衛策としては一定の効果があると言えます。日本の場合では、
Uberの登場に危機感を覚えた日本交通が「全国タクシー配車」という
アプリをリリースしました。スマートフォンの画面に表示された地図

大前研一通信・特別保存版 Part.11　　19

で自分の乗車場所を決めて注文するだけで付近を走っているタクシーを検索し配車してくれるというもので、タクシー料金の検索もできます。現在公式サイトでは宗谷岬でも鳥取砂丘でもタクシーが呼べると謳っており、全国で2万4,000台のタクシーが加わっているという規模で、Uberは手も足も出ない状態にあります。中国のDidiはIT企業の出資による新規事業ですが、こちらは既存のタクシー会社が防衛に成功した非常にレアなケースと言えるでしょう。欧州や豪州がUberに制圧されている中でこれは快挙です。

　しかし、このようにエスタブリッシュメントが守りについた場合の成功例があるとは言え、変革がいったん起きてしまえば圧倒的にディスラプター側が優位となります。皆さんも守りだけではなく、自分の得意な領域をうまく先にやってしまうか、あるいは自らディスラプターになるという方向性もぜひ頭の中に入れておいていただきたいと思います。

◎ユーザー側の主導で業界秩序を再編できる時代の到来

テクノロジーが真に民衆主導の革命を達成する

　今までの業界秩序は、商品やサービスの提供者側がつくり出し、それが市場を支配していました。例えば農業においては農協がいわば業界最大の総合商社として君臨し、農家に種苗や肥料その他の資材を提供する代わりに農産物の生産や販売の管理を行い、市場の安定に寄与しているという側面があります。その一方で農家に対する縛りや制約が負担となり、また消費者にとっても農家との直接的な販売交渉の機会を得られにくいといったデメリットもあるのは事実です。このような提供者主導の業界秩序が、スマホを中心とするエコシステムによってディスラプトされる時代がやってきたということです。

　農業ではすでにITを利活用したスマートアグリと呼ばれる試みに数多くの企業が参入し、農協がつくり上げたシステムに綻びが見え始

めていますし、図-2の左側にある様々な業界で同様の動きが起こりつつあります。メディアでは、放送でも広告でも、位置情報を基に特定の場所にいる人にだけメッセージを送るといった、特定ターゲット層に訴求するナローキャスティングという方法が中心になってきています。政治の仕組み、政府にしても、日本の場合には1,800の地方自治体はほとんど同じ仕事を全国でばらばらにやっていますが、クラウドコンピューティングで1つの業務アプリをつくってしまえば、そのアプリで日本中の事務作業的な業務を賄えることになるでしょう。

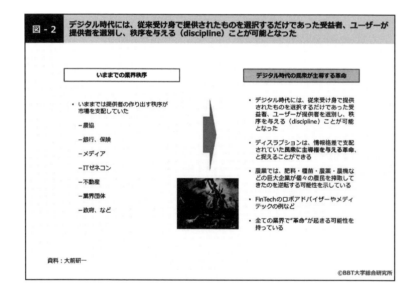

こうした変革の到来をもう少し俯瞰して歴史的な意味付けを考えてみますと、これは真に民衆が主導する革命が可能となる時代が訪れたと言えるように思います。今までは農協、銀行、メディア、業界団体といったサービスの提供者側が市場の論理をつくって、我々はその中で選択をさせられてきたに過ぎませんでした。しかし今やこの民衆のほうが情報を握って提供者そのものを選んでしまう、あるいは拒絶し

てしまうことさえ可能となっている、ということです。現在我々はフランス革命以来の大変革、テクノロジーが民衆に主導権を与える革命の時代に生きていると言えるのではないでしょうか。

情報の共有が情報格差による搾取を無効にしてしまう

デジタル・ディスラプションという破壊的変革が "民衆の革命" となっている実例を挙げましょう。グーグルが出資している IT による農業支援企業、ファーマーズ・ビジネス・ネットワーク（FBN）です。FBN は気象データや作付け方法や生産高などをデータベース化し、それに基づいて高い生産効率が得られるようなアドバイスを提供するソリューションビジネスを展開しています。FBN が蓄積しているデータの基となっているのは 3,000 軒の農家ですが、この程度の数字でも農家が集まれば、かつてはメーカー側が農家に対して言い値で商品を売り付け支配していた構図をひっくり返すことさえ可能になっているのです。

こんなふうに個々の農民がパワーを持つ時代が到来しています。このソリューションはグーグルが今のところリターンなしで出資している 1,500 万ドルで行われています。情報を握り共有化してビッグデータとして利用することで、今まで情報格差の中で一方的に搾取されていたエンドユーザーが主導権を握ることが可能になっている―これがデジタル・ディスラプションなのだと、私はサンフランシスコで FBN を見たとき瞬時に理解しました。アメリカでは、農薬を扱う化学メーカーはダウ・ケミカルやデュポンなど非常に巨大なのですが、それが農民に逆に支配されるような存在になってしまったこと、いや、所詮そもそもそういう存在でしかなかったのだということが露見し、私は非常に衝撃を受けました。

（大前研一ビジネスジャーナル No.13 より /masterpeace）

（3）デジタル・ディスラプションを民衆の革命とするために

◎デジタル・ディスラプションはなぜ訪れるのか

ディスラプターは徹底してユーザー目線である

ここではディスラプションという現象そのものをあらためて分析していきましょう。

ディスラプターとはどういう存在か、また破壊される既存の業界や企業はどういうものかを整理しました（図-3）。ディスラプターはベンチャー企業であったり個人であったりと様々ですが、大きな流れで見ると"リーズナブル"であることがポイントとなっています。かねて私は「原材料を一番安いところで調達して、人の質が一番よくて安いところで加工して、一番高いマーケットで売る。これがボーダレスワー

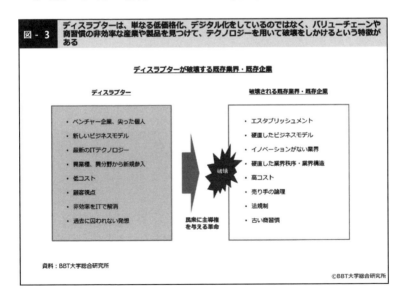

ルドにおける収益最適化のやり方である」と、"世界最適化"というモデルを提示していますが、デジタル・ディスラプションの特徴はこの世界最適化をユーザー目線で最新の IT を使って実現することにあります。ディスラプションがなぜ起こるのかと言えば、ユーザーにとっての最適解を追求することが既存のシステムを否応なしに破壊することになるからだ、ということになります。

ディスラプターは単に低価格化や IT によるデジタル化をしているだけではありません。バリューチェーンのそれぞれのプロセスにおける非効率な部分を IT で解決することが、結果的に売り手の論理・提供者の論理で固まっている業界秩序を破壊することになるというわけです。「FUN TO DRIVE, AGAIN.」「Be a driver.」などと言っているのは 20 世紀に頭が残っている証拠ですが、そういうものに囚われない人たちが民衆に主導権を与えるために起こした革命がデジタル・ディスラプションなのです。

ディスラプトされる領域は政府にまで及ぶ

もちろん楽観的なことばかりは言えません。ディスラプトされる対象はどんどん増え、個人や企業はおろか政府にまで及ぶことが想像されます（図 -4）。日本には国家公務員が約 64 万人、地方公務員が約 275 万人いますが、理論的にはほとんど要らなくなります。"電子政府"の例としてよく知られているのがバルト海に面する小国エストニアですが、国家のデータを世界中のサーバーに分散させて置いておき、あらゆる行政サービスを電子化してオンラインで提供することで、国家を領土から解放してしまいました。たとえロシアに占領されたとしても、エストニアという国は電子上に存続し続けるのです。こうなると、国というものを成立させているのは領土でも政府でもなく国民、すなわち "人" なのだということが分かってきます。日本では総務大臣がコンビニで住民票の写しや印鑑証明を交付しますからどうぞご利用くだ

さいと30年ぐらい古い発想でやっていますので、役人をディスラプトするチャンスはたくさんあると考えてよいと思います。

　企業や法人も同様です。形態に囚われることなく個人単位でつながったネットワーク型の組織に代替され、ディスラプトされる可能性が出てきています。ここでも発想の根本は人本位で、スマホ中心のエコシステムがベースになります。旧来型の企業・法人といった形態に囚われないプロジェクトの進め方は、WikipediaやLinuxに代表されるオープンソースプロジェクトや、最近ではビットコインを支える仕組みであるブロックチェーンにも見ることができます。

対策を講じるにはまずディスラプターの観察から

　デジタル・ディスラプションにどう対応するか。私の提案を述べましょう（図-5）。

● 自ら人生の舵を取れ！

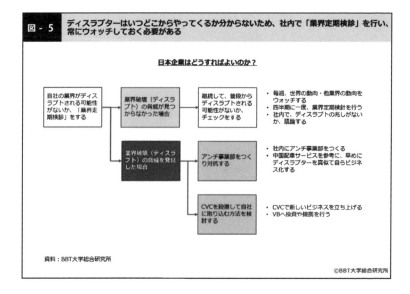

　まず何よりも観察です。いつどこからやってくるか分からないディスラプターに備えて、常に正しい現状把握が必要です。社内で「業界定期検診」を行って、自社の業界がディスラプトされる可能性がないかどうかチェックしましょう。最適なペースは四半期に1回です。1年に1回では状況が進みすぎてしまいます。UberやAirbnbがこのような姿で見えてきたのはこの半年のことで、1年前ですとまだサンフランシスコで起きている物語にすぎませんでした。というわけで、四半期に1回ぜひやってください。

　ディスラプトのおそれがなければ引き続き経過観察を続けるまでですが、脅威が見つかった場合はまず"アンチ事業部"をつくって対抗しましょう。これで自社の事業を自分で潰す、その代わり競争相手も一緒に潰し、業界丸ごといただきだ、というやり方です。中国でUberに対抗してDidiが登場したケースを参考に、早めにディスラプターを真似て対抗の事業をビジネス化しましょう。

　もう1つの対策はコーポレートベンチャーキャピタル（CVC）の設

置です。社内にベンチャーキャピタルをつくってディスラプターに投資し、取り込んでしまうのです。会社に余裕があることが条件ですが、これが既存の会社では今非常に当たり始めています。前述のグーグルによるFBNがまさにこの例です。

生き残るために自身のデジタル・トランスフォーメーションを加速せよ

最後に、デジタル・ディスラプション時代をどう生き抜くかについて、政府、既存企業、ベンチャー企業、個人とそれぞれの立場での対策をまとめます（図-6）。皆さんには政府にはもう期待せず、邪魔もされないような領域を探して生きていくことをおすすめします。できればディスラプターになっていただきたいところです。また、「クラウドソーシング」「クラウドファンディング」「クラウドコンピューティング」を使って、小さくても大企業並みのことができるということを実感してみてください。まずは今回紹介したような様々なサービスをど

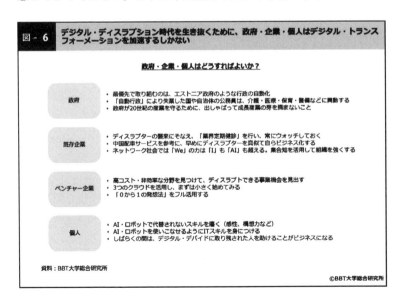

んどん自分で利用してみて、デジタル・デバイドと呼ばれている情報格差の大きな川のこちら側に渡ってしまいましょう。すると向こう岸に残っている人たちに対して、アドバイスをする、コンサルティングをする、カウンセリングをするといった方法でしばらくは食べていくこともできます。全員が同じことを勉強していた 20 世紀と違ってこれからはこういった格差が大きくなってきますから、自分のほうが一歩進んでいるというアドバンテージが飯のタネになるでしょう。

（大前研一ビジネスジャーナル No.13 より /masterpeace）

（4）ロボットアドバイザー投資より自己投資で稼ぐ力を身につけよ

◎「フィンテック革命」で "お金の民主化" が進む

「フィンテック（FinTech）革命」が世界で進展しています。フィンテックは、金融（Finance）と技術（Technology）を組み合わせたアメリカ発の造語で、スマートフォンを使う決済や資産運用、AI（人工知能）やビッグデータなどの最新技術を駆使した金融サービスのことです。

ただし、単に金融分野に IT を活用する、という話ではありません。その本質は、送金、投資、決済、融資、預金といった従来のファイナンスのあらゆる領域をテクノロジーが再定義し、これまで金融機関がやっていたことを金融機関ではない企業が奪っていく、という「デジタル・ディスラプション（デジタル技術による破壊的創造）」です。

これまでの「お金」は政府が発行する貨幣で、そのやり取りや決済にはふたつの方法がありました。ひとつは「全国銀行データ通信システム（全銀システム）」などによって金融機関が行なうというもの。もうひとつは、やり取りの中間にクレジットカード会社が介在し、利用者が支払いを怠った時はその会社が補償し、取り立てるというものです。

それに対してフィンテック革命では、技術の進歩によって“お金の民主化”が可能になりつつあります。その象徴が「ビットコイン」をはじめとする仮想通貨です。仮想通貨の基幹技術は「ブロックチェーン」というもので、これはすべてのトランザクション（取引）を、それに関係するすべてのコンピューターが記録することで人間の指紋のように複製や偽造ができなくなり、政府や全銀システムといった特定の権威なしにトランザクションの正当性を保証する、という仕組みです。

例えば、今はクレジットカードを使うと3〜5%の手数料を取られます。クレジット＝信用を第三者（クレジットカード会社）が与えていることや、店舗の端末からNTTデータなどのカード決済サービスと全銀システムを経由した個人口座へのアクセスに高い手数料が必要で、利用代金を支払わなかった人から取り立てる費用なども嵩むからです。

しかし仮想通貨なら、NTTデータなどのカード決済サービスや全銀システムのようなものを通る必要がなく、スマートフォンやPCからのわずかなパケット料金だけで済むので決済コストが著しく安くなり、しかも第三者ではなく個人個人が自分で自分の信用を証明できます。

つまり「お金」を発行しているのは国家の中央政府ではなく、そのやり取りや決済に金融機関やクレジットカード会社も介在しないわけです。これはすなわち“お金の民主化”であり、フィンテック革命は「金融分野の産業革命」とも言えるでしょう。

◎ロボットアドバイザーは銀行や証券会社よりマシ

そこで私は昨年、日本企業の経営者80人と一緒にアメリカ・シリコンバレーのフィンテック企業を視察してきました。しかし、アメリカでは巨大なクレジットカード会社が非常に強い支配力を持っているため、フィンテック企業もまだクレジットカードを前提にしていました。

前述したように、本来、フィンテック革命の行き着く先は、お金の

やり取りや決済が中間業者の手数料なしにスマホやPCからのわずかなパケット料金だけで可能になる社会です。いわゆる「フリクション・フリー（摩擦ゼロ）」。そうなるまでフィンテックは進化し続けると思いますが、今のところシリコンバレーでも、まだ本物のフィンテック企業は見つかりませんでした。

ただ、ロボットアドバイザーによるデジタル資産運用サービスの急成長ぶりはひとつの収穫でした。これはビッグデータとAIを使い、その時の局面に応じた金融商品の組み合わせなどについてロボットがアドバイスしてくれるサービスで、すでにかなり的確なファイナンシャル・マネジメントが可能になっています。

特に日本の銀行や証券会社は、自分たちが儲けるために極めて恣意的なやり方で客を騙してきたという歴史があるので、それに比べればビッグデータに基づいてAIが分析するロボットアドバイザーのほうが、よほど信頼できるのではないかと思います。

とはいえ、ロボットアドバイザーもそこまで、です。なぜなら、金融の世界は毎日が新しい局面だからです。ビッグデータとAIを使えば銀行や証券会社の意図的な悪意は避けられるかもしれませんが、前例のない新しい局面にはビッグデータがありません。参考となるデータがなければ、いくらAIを使っても正しい分析はできません。それがロボットアドバイザーの限界です。

しかも今、日本をはじめ世界の先進国の大半はゼロ金利なので、どんな金融商品に投資しても、大きな利益を出すのは至難の業です。したがって読者の皆さんは、ロボットアドバイザーで投資するより、さらに高い給料や役職が得られるMBA（経営学修士）などの資格取得、語学やリーダーシップ発揮のためのスキル習得のために、お金と時間を自分に投資すべきだと思います。回り道のように感じるかもしれませんが、実はそれが「稼ぐ力」を身につけて金持ちになる一番の早道なのです。

（DIME 2017年4月号「金のなる知恵」Vol.11）

自ら人生の舵を取れ！●

（5）いかにして企業の「稼ぐ力」を高めるか？

①企業の「稼ぐ力」を高めるための8つの論点

　企業の「稼ぐ力」を高めるためにはどうしたらよいか、その論点を
8つ列挙しました（図-7）。政府の言う「働き方改革」よりは、そもそ
も「休み方改革」をしたほうがよいのではないか、というラディカル
な視点からのものもあります。それは政府主導でないと休みが取れな
いという日本企業の実態に即したものでもあります。

図 - 7　企業の「稼ぐ力」を高めるために、いかに生産性を高めていけばよいのか？
企業の「稼ぐ力」を高めるための論点
1．間接業務の生産性を向上させるには？
2．中間管理職は必要か？
3．どのような「人材／機械のポートフォリオ」を構成するべきか？
4．同一労働同一賃金を推進するべきか？
5．労働力不足をいかに解決すればよいのか？
6．長時間労働、残業をなくす方法はあるか？
7．従業員の子育て支援にどう対応するべきか？
8．働き方改革ではなく休み方を改革すべきではないか？
©BBT大学総合研究所

②論点1：間接業務の生産性を向上させるには？

間接業務の仕分けによる生産性向上策
まず初めは、間接業務の生産性をどう向上させるかという問題です。

大前研一通信・特別保存版 Part.11　　31

これには徹底した業務の仕分けが必須です。"霜降り肉"状態になっている定型業務と非定型業務とを仕分けすることこそ、「稼ぐ力」を高める上で一番効果的な方法です。

仕分けしてみると、かなりの部分が定型業務であることがわかります。その中には「これは廃止してもいい」というものも多くあるはずです。また、そこで残った業務を見直すと、社外に切り出す業務と社内に残すべき業務とにさらに仕分けできるはずです。アウトソーシングできるものは外部委託し、クラウドソーシングを積極的に利用するのも1つの方法です。社内に残す業務のほうは、IT化、システム化、自動化の余地がないかを検討します。定型業務というものをまずはここまで整理しなければなりません。

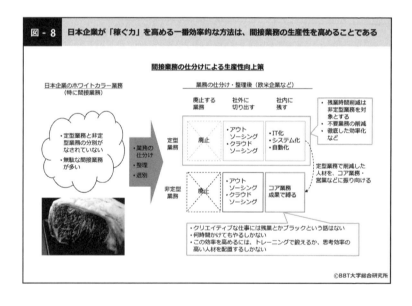

図-8 日本企業が「稼ぐ力」を高める一番効率的な方法は、間接業務の生産性を高めることである

一方で非定型業務でもやらなくてもよいことがたくさんあります。定型業務と同様にそれらも廃止してしまいましょう。また社外に切り出す業務と社内に残す業務とに仕分けします。特定の分野に関しては、

社内にいる人材よりも優れているプロフェッショナルやエキスパートへアウトソーシングしたほうがよい仕事があります。そして最後に残ったコア業務を社内の人間がやる、という次第です。

このコア業務というものは社内の全業務の中で最も重要な部分ですから、これだけは不可欠のものであり、完遂するためにはあらゆるリソースを注ぎ込まなければならず、時間もマンパワーも目いっぱい割り当てる必要があります。ここに関しては残業を減らそうという話にはならないはずですし、いくら過重労働であってもブラック企業ということはありません。任せる人材は最優秀の者で、そういう人がいなければそれこそアウトソーシングするか採用するかして、とにかく適任者を配置します。この業務を自社から失うと新しいビジネスを創っていくことができません。

また定型業務のほうでIT化などにより業務が削減できれば、そこでの余剰人員を営業その他に異動させて売上高を高めていくということも必要です。

このようにして業務の"霜降り肉"を仕分けしていかなければならないのですが、日本企業の場合はそれができないまま何十年も来ています。入社以来ずっとその霜降り肉を食べ続けてきた人は、やがて自分が管理職になった時にも、まず定型業務を優先してやるようになります。これは人間の性です。定型業務が残っているのが嫌なのです。それをようやくこなし終わった夕方に、さてクリエイティブな非定型業務のほうに手を付けるかとなると、もう相当にくたびれていて自分のリソースが消耗してしまっています。これでは到底効率的とは言えません。1日の中で後回しに、月の中でも後回しにされてきたような業務について、一通り疲れてしまった後にクリエイティビティを発揮しようというのはかなり無理のある話です。こうして人材がスポイルされていくのです。

定型業務というものは、ある程度経験を積めば「これはこのくらい」と分かってくるはずです。電卓で計算するような仕事は暗算でもでき

大前研一通信・特別保存版Part.11　　33

ることで、概算見積もりがどのくらいになるかなんてことはそのうち暗算でできるようになってくるのが普通です。私など原子炉の設計も暗算でやっていましたし、だいたいこう入力したら結果はこう出てくるはずだというのは分かってくるものです。35歳40歳にもなって電卓を叩くのがうまいだなんて言っている人は、もう自分自身が霜降り肉になってしまっています。

企業の労働生産性改善のためのステップ

では、労働生産性の改善を具体的にはどのように進めていくか、手順を追って見ていきましょう（図 -9）。まずは前項の繰り返しになりますが、自社のコアとなる事業を明確にする、コアスキルというものは何かを見定めます。そして定型業務と非定型業務との仕分け、コア業務と非コア業務との仕分けをしますが、ここで必要になるのが業務プロセスを標準化するSOP（Standard Operating Procedure：標準業務手順書）の作成です。海外の企業ではこれがまず先にあり、採用に当たっ

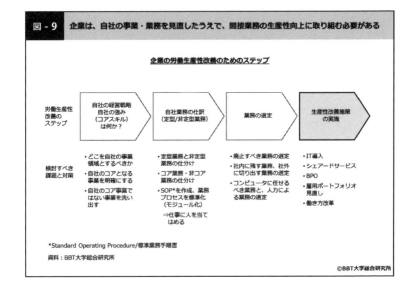

図 -9　企業は、自社の事業・業務を見直したうえで、間接業務の生産性向上に取り組む必要がある

ては SOP に合わせて人を採ります。仕事に人を当てはめるというわけです。単に「こういうことをやれる人を募集しています」というだけでなく、セールス・フォース・オートメーション（営業支援システム）のこういうツールが使える人だとか、マーケティングオートメーションのこういうものを使って有象無象のネットの中からこういう顧客を見つけてきて売上にこうやってつなげたという人というように、募集内容がより詳細かつ具体的になっています。ビジネス特化型 SNS のリンクトイン（LinkedIn）などは、そうした人材を引っ張ってくるのに非常によいリクルーティングサイトです。

　SOP で業務プロセスを標準化したら、次は業務の選定です。廃止すべき業務を選び、残す業務を社外に切り出す業務と社内に残す業務とに分け、またコンピュータ化する業務と人力でやる業務とに分けます。外部に出せるものは出す、エキスパートの人に時間貸しでやってもらえるものは出す、という具合に社内でやる仕事を徹底的に絞ります。そこからようやく労働生産性の改善施策を実施するフェイズになります。

間接業務の効率化施策実施のイメージ
　間接業務の効率化施策をどう実施していくか、図にまとめました（図-10）。まずは業務の分類を 1 つずつやっていきます。たくさんある間接業務には全部名前がつけられるはずです。例えば経理の月次のリポートとか、営業の地域別の分類とか、商品別の売上実績とか、それぞれに全部名前があります。そうした名前を基に業務を分類しましょう。その上で、個々の業務をさらに細分化し、コストの見積もりをします。整理した上で、それぞれの間接業務についてコストを見直し、コスト低減案を作成します。

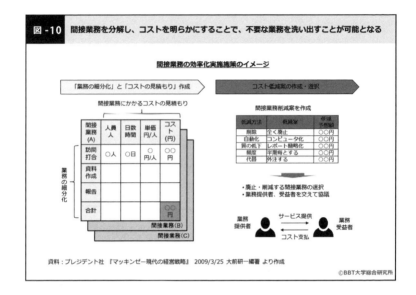

　間接業務に関しては、それを作業して提供する側（提供者）と、それを利用する側（受益者）と、2つの立場があります。受益者のいないような間接業務は、もう全部削除してしまえばよいのです。例えば「このレポートを出してどうなるの？　誰も使っていないし、なくてもいいよね？」となれば、それは廃止すべきです。あるいは、レポート作成をコンピュータで自動化する、こんなに詳細でなくてもよいと質を落とす、毎週提出しているけれど月1回に頻度を下げる、等々、いろいろなやり方でコストの低減を考えていきます。このようにしていくと、だいたい4割ぐらいの間接業務は不要となります。4割カットしても社内の業務に違いは出ません。その業務の提供者人員も4割カットして営業に異動させるようなことをしても影響はほとんど出ません。これが霜降り肉から赤身だけを取り出すやり方です。

　こういうことをやるためにもSOPを完備しなければなりません。また、クリエイティブな仕事ができる人は誰なのか、社内で見つけなければなりません。トップマネージメントの最大の仕事は、命令や指示

をすることではなくて人材を見つけることです。社内・社外にかかわらず、SOP に合わせて人材を見つけてくることがトップには求められます。したがってトップの時間は、人材の本当の能力を見極めるために割り当てられるべきです。

ここで非常に重要となるのが人事部です。私はこれまでいろいろな会社で人事ファイルを見せてもらってきましたが、日本企業の人事ファイルでは求める能力を持った人を見つけることが非常に難しいのです。例えば、入社以来どういう部門にいたとか、その時の上司が5点をつけたとか4点をつけたとか、そういうことは分かります。しかしこれだけでは、いったいどういう能力を持っていて次に何ができる人材なのかがまるで分からないのです。基準もよく分からないような恣意的なスコアで記されている人事ファイルではなく、その社員がどういう人材なのかをディスクリプティブ（descriptive：叙述的、説明的）に記した人事ファイルが必要なのです。この時には部下も非常に少ないような状況だったのにこういう仕事を1人で新しく始めて今ではそれが当社の中核業務になっている、などということが記述してあれば、「仕事を与えれば創意工夫してやるんだな。ではこういうこともやらせてみようか。今度一緒に昼飯でも食ってみよう」ということになります。

ゼネラル・エレクトリック（GE）の会長であるジェフリー・イメルト氏は、自分が米国内にいる限りは、毎週金曜日に将来のトップ候補200人と1人ずつ会食しています。全員に会うまでに4年以上かかることになりますが、そのくらいの時間をかけて自社の未来を託せるリーダーを選び育てていくのです。1人1人に対し、現在の仕事状況や今抱えている悩みごとのヒアリングを行い、その人物がどういう人材なのかを見極めるという、膨大な時間を要する作業ですが、トップの仕事のだいたい20％くらいはこのような社員の理解、社内の能力の発見に充てなければいけません。

（大前研一ビジネスジャーナル No.14 より /masterpeace）

——コラム「思いでの論文」——
【いま日本で求められる「真のリーダーシップ」とは】

リーダーシップには3つのタイプがある

　誰かが出した答えが、ただ単に「正しい」というだけでは、周りの人への影響力はない。そこから先、その正しい答えをいかにして集団の共用物にしていくかは、リーダーシップの問題だ。しかし、これまで日本ではこれに関して全く教育してこなかった。

　「正しい答えは何か」と「それをいかにして集団の共用物にして結果を出すか」という2つは、全く別のスキルだ。前者はハードに物事を考え、事実に基づいて分析していく「ハードスキル」、後者は「ソフトスキル」といえる。

　人に影響を与えるリーダーシップのスタイルは3つしかない。1つは「恐怖のどん底に落とす」こと。例えば、国家の独裁者、あるいは戦時中の軍国主義がこれに当たる。今のアメリカもそうだ。マスコミはほとんどブッシュ批判をしない。あんなアメリカは見たことがない。アメリカでも"金縛り"になることがあるようだ（もっともハリケーン被災以降あまりにもノー天気な大統領を見て、さすがに頭に来ている人びとがようやく大統領批判を口にするようにはなった…）。

　そうした環境に長年浸って慣れてしまうと諦めてしまい、誰も告発しようとは思わなくなる。誰かが権限を握ると、みんなおとなしく従ってしまう。不思議なことに、組織にはそういう性質がある。「恐怖のどん底」というと非現代的と思われるかもしれないが、現代にも根深く生きている。かつてエクセレントカンパニーといわれたコクドや西武鉄道がそうだったように、カネボウや三菱自動車など日本の企業にも多く見受けられる現象だ。

　自民党における小泉首相も、いまやそうした存在になった。郵政民営化では、たとえ党内であっても一切の議論を封じ、郵政民営化には賛成だが、法案の不備は許容できない議員をも「造反組」とレッテル貼りし、衆院選で「刺客」を送り込んで排除し、党内から一掃した。当面選挙のない参議院議員も、もはや首相にもの申す人はいないだ

ろう。党員といえどもまったく意見が具申できない存在になったことで、小泉首相は自民党始まって以来の「恐怖」に基づいたリーダーシップを手に入れたと言える。橋本派をはじめ、かつての政敵はことごとく葬られてしまった。政局の読みは天才だが、国民にとっての御利益に関してはあまり期待できない。しかし、この力をどこに向かわせるかによっては大きな改革もできるし、議論を封殺することもできる。戦後60年で、日本にも初めてこのようなスタイルを持った政治家が誕生した。

2つ目のスタイルは、自ら事例をつくって示すタイプ。日本の成長を支えた有名経営者は、「俺の背中を見てついて来い」という率先垂範型が多い。下の人間も「トップがあれだけやっているのだから、自分たちも働かないと」と奮い立つ。

その典型例は日本電産の永守重信社長だろう。今や企業再建のプロとして名を馳せている永守氏の最近の再建事例が三協精機だ。平成14年から3年連続で赤字だったが、日本電産が資本参加して永守氏が指導をすることで、直ちに黒字に転換した。

その要諦は6つの「S」の徹底にあった。整理・整頓・清潔・清掃・作法・躾のことだ。日本電産から派遣された幹部は率先してトイレ掃除にもあたり、この基本動作を社内に植え付けた。また、永守氏は三協精機の若手社員との昼食懇談会、中堅以上の幹部との夕食会を繰り返し、現場の不満を吸い取ったうえで、会社の進むべき未来像を直接口頭で伝え、社員の精神革命を促した。その結果としての、わずか1年での黒字転換である。

率先垂範型は経営者に大きなエネルギーを要求するが、半面みんなで議論する必要がないから、効率がよいともいえる。ただ、このスタイルは、どちらかといえば成長している企業で有効だ。自社が成長していると、他社より自社の明日のほうがいいという期待がある。「去年より今年の方がいい。いいポジションもある」と誰もが考える。実際、永守氏が最も重視するのは「利益の拡大」ではなく「雇用の増大」という、グローバルスタンダードとは一線を画した目標だ。

しかし、成長が鈍化するとパイの奪い合いになるので、急におかし

くなる。「なぜ自分より働きの悪いやつが、俺より給料が５％しか低くないのか」と思うようになる。成果主義でプラス５～10％の格差をつけたぐらいではダメだ。だから、成長が止まると、違うシステムを入れる必要がある。

リーダーシップの３つ目のスタイルは、「ジャック・ウェルチ（GEの元会長兼CEO)」タイプ。彼のことを「恐怖政治」と指摘する人もいるが、私はむしろ「エンパワメント型のリーダー」だと思っている。

ウェルチは決して率先垂範型のリーダーではない。本人自ら、「放送から医療、重電など幅広く事業展開しているので、とても率先垂範なんてできない」と私に言ったぐらいだ。ただ、彼は年に１、２回、強烈な演説をする。そして、「これからの注目の国はここだ」「次は中国だ」と大きな方向性だけはいう。すると社員全員がそちらに向く。このように太い幹は揺さぶるが、枝葉のような細かいことや率先垂範はしなかった。

その代わり、非常に細かく大企業の問題を分析した上で、社内で意見が対立したときには「こういう形で解決しろ」という『仕掛け』をつくった。つまり、対立した社員同士が戦うのではなく、必ず社内の第三者を介在させて、その人に解決策を提示させる――これをあらゆるレベルでやりなさいといって、実践してきた。

社内に第三者的な相談者を置くとそこから次のリーダーが生まれる
「ジャック・ウェルチ」タイプのリーダーは、内部の葛藤には乗らない。例えば普通の会社では、「A事業部長とB事業部長が戦ってどちらかが勝つか」という争いをしている。こういうスタイルを続ける限り、勝ったほうも社内に禍根を残す。会社の中で戦いに勝つことは無意味なことだ。むしろ、お客さまの信頼を勝ち取ることのほうが重要なはずだろう。

社内の問題というのは、上層部に上がってくるのを待って意思決定していると、大企業では時間がかかってしまう。それに、上は判断するだけの根拠を持っていない。しかし、いわば社内コンサルタントのような人を間に入れることで、社内に滞っている問題がなくなる。問題を内在させないで表面化させ、すぐに解決する。サラサラ流れるような仕掛けをつくって、「解決しないことが悪である」というカル

チャーをつくる。そして問題解決に貢献した人は周囲の尊敬を得て、リーダーになっていく。すると、会社の中に無数のリーダーが生まれてくる。

さらに、第三者として問題解決に登場することを要請された回数を業績評価に加える。つまり、会社の中のリーダーシップとして、人からカウンセリングを頼まれるタイプ、困ったときに助けを求められるフェアなタイプが自然と出世する仕掛けをウェルチはつくった。これは「優れたリーダーシップをつくる仕組み」といえる。これこそがGEのような古い企業が18年間増収増益を続け、若々しいままでいられた最大の理由だと思う。さらにこうした人材の育成がジェフ・イメルトという後継者に引き継がれても、相変わらず好業績を続けている理由となっている。

企業にとって最大の問題は、社内にコレステロールがたまって情報が滞ってしまうことだ。また、「声の大きい人が勝つ」という文化が会社を間違った方向に向けさせ、その結果、みんなが諦めて倦怠感が生まれる。それを起こさせない仕掛けをつくって、無数のヒーローの中から、「将来あの人こそが、中立的な指導者として問題をさばいてくれる」と周囲に認められた人が、上に上がっていく。すると、次のリーダーも同様な仕組みで養成される。

今、日本の会社にとって必要なのは、このウェルチ型リーダーシップだろう。それは、答えが分からない時代だからこそ、意見が対立したときに双方の言い分を聞く必要があるからだ。その上で、どちらが事実に一番近いかを見て、解決策をサジェストする。「こういう可能性もある」「それなら、あなたの方が勘違いしているのでは？」と言ってくれる人が社内にいることは非常に重要だ。

ところが、この種のリーダーシップは、今の日本にはほとんど存在しない。そういうコンセプト自体がない。日本の会社では、全ての答えを組織のヘッドに求めようとする。しかし、実のところ、ヘッドはそのための訓練も受けていなければ、答えを持っているわけでもない。「みんなで考えて新しい方向を模索していく」「社内で対立する要素があったら、話し合いで解決して滞らせない」「声の大きい人が勝たないようにする」──そのための仕組みづくりこそが、日本の会社

で求められている。

(SAFETY JAPAN 2005 第9回 9/15 掲載 日経BP社)

───コラム「思いでの論文」───
【ビジネスリーダー　「三種の神器」】

　成長している国ではいずれも真っ当な教育が行なわれている。いま北欧四国は世界で競争力のある国トップ10に名を連ねているが、それらの国では幼稚園から企業家養成教育が始まる。八百屋に連れていって、「このおじさんは、どうやって生活しているか考えてみましょう」「買ってきた野菜を腐らせてしまったら、収入がなくなるからダメですね」という原始的な部分から、「カネを稼ぐとはどういうことか」を教えるのだ。いまの世は答えのない世界で、昔のように先生が教えるのではなく、一緒に考える教育こそ重要だ、という問題意識から始まった教育改革である。

　あるいは梨花女子大学は、「わが校の国際学部の目標は、卒業生を国際機関で部長以上のポジションに就けることです」と言い切っている。高麗大学のビジネススクールでは、「多国籍企業のアジア本部の本部長が目標です」としている。アジアのトップに立つのは日本人でも中国人でもなく、わが大学の卒業生だ、という意識の下で教育を行なっているのだ。この意識こそ、教育再生会議の最終報告に欠如している点である。

　ニートやフリーターがゼロになっても、いじめがゼロになっても、工業化社会の大量生産に向いた人間ができるだけで、世界のリーダーとなる人間は育たない。使用人として「いわれたことを真面目にやります」というだけでは、いまの日本人の生活レベルを維持できない。

　現在の日本人が手にする給料は、たとえ国内的には薄給の人間でも、使用人ではなく、リーダーのコストである。

　この国の人間が考えるべきは、いかに自分が世界のリーダーになるか、ということにほかならない。世界的に見ればそういう"リーダークラスの給料"をもらっているのだから。

42　第1章：真のリーダーシップ教育の必要性

「サイバー・リーダーシップ」を身に付けよ

　ならばどうすれば、日本人は世界のリーダーたりうるのだろうか。まずいえるのは、創意工夫の分野、つまりクリエイティブの世界で勝負することだ。しかしこのジャンルでいったい何人の職を確保できるのか。そう多くを期待することはできない。

　マンガやゲームといった「オタク産業」にしても、世界中で人気が高まっているとはいえ、その規模は合算しても二兆円程度にすぎない。しかも間もなく韓国や中国、インドなどが、同じような商品を作り始めるだろう。ロシアなども日本ブームで、アキバ・オタク系のサブカルチャーが隆盛だ。しばらくこのジャンルで日本が優位性を保てたとしても、長期的には心もとない。

　結論からいえば、日本人がいまの生活レベルを維持するには、若者が目覚め、必死になって勉強するしかない。では、いったい何を勉強すればよいのだろうか。

　まずは、一芸に秀でること。ゲームでも会計でもいい。日本人は普通に大学を出て会社に入ると皆、ジェネラリストになるが、そうではなくて何年かけてでも、「この分野なら人に負けない。いや教えられる」という得意分野をもつべきである。人に教える仕事なら、使用人ではなく、リーダーとしての給料がもらえる。もちろんこれは日本だけでなく、海外でも求められる分野、なかでも成長が見込まれる分野であることが重要だ。

　私自身、コンサルティングを一芸としてもつことで、世界中どこでも勝負ができるようになった。会社が悪くなる原因は、世界のどこであれ、だいたい同じようなものだ。何が悪いのかを指摘し、改善の新しいアイデアを出す。このような〝余人をもって代えがたい〟スキルを、グラフィックスでもマーケティングでもよいから、一つ身に付ける。

　次に、皆を統率する（人間系の）リーダーシップと、そのリーダーシップを遠隔地に向けて発揮できる（IT系の）技術をもつこと。アメリカの場合、リーダーシップ教育はボーイスカウト時代から始まる。十三歳になったら、それより年齢が下の子供を一〇人ほど集め、彼ら

の面倒を見させる。そこで自然にリーダーを務める人間、リーダーに従う人間（フォロワー）が峻別されていく。しかしそのような環境にない日本では、どうしても一年ほど徹底してリーダーシップ教育を行なう必要がある。

　リーダーシップ教育というと、部下に命令し、自分に従わせる方法だと思う人が多いが、これは間違いである。事実、いま日本人が海外で引き起こすトラブルは、おかしな接し方をして相手を泣かせたり、怒らせたりして、本業と関係ない部分で恨みを買っていることがほとんどだ。そうではなくていかに部下をやる気にさせ、自発的な提案を導き出すかということこそ、リーダーシップの真髄である。

　そのうえで IT が重要になる。いまやお客はアメリカやヨーロッパ、製造工場は世界に散らばり、海外の納入業者だけでもなんと五〇社、という状況が当然の時代だ。その全体を管理するために、いくら自分で足を運んでも、電話を使っても、それだけでは時間が足りない。先端のさまざまな IT ソフトを使いきり、相手にも使わせ、二十四時間双方向で連絡できる環境をつくらねばならない。目の前にいる一〇人でなく、見えない五〇人をその気にさせ、結果を出させる。いわば「サイバー・リーダーシップ」とでもいうべきものが、これからの時代では求められている。

　そして最後はいうまでもなく、英語力を身に付けること。「得意分野」「サイバー・リーダーシップ」「英語力」。この三つこそ、これからの時代を生き抜く、いわば三種の神器といえよう。

（Voice 2008 年 5 月号 PHP 研究所より）

2. 真のリーダーシップを考える

（1）時代遅れのリーダーたちへ

日本の教育からリーダーは生まれない！

あなたは、自分が経営する企業、勤める企業の10年後を想像できますか？ それ以前に、あなたの企業、あなたの職場が、3年後も存在していると思いますか？

私たちを取り巻くビジネス環境は、かつてない勢いで変化しています。その変化の速度と振り幅の大きさは、誰もが経験したことのないレベルといえるでしょう。そんな不確実な時代にあっては、10年後どころか3年先の未来すら、的確に予測するのは困難です。誰も経験したことのない現実や問題に、過去の経験や一般論は一切通用しないからです。

「正しい答え」がないこれからの時代を生き抜くには、組織のリーダーたる経営者、管理職者の「リーダーシップ」が何よりも重要となります。ところが、日本の教育システムで育ってきた者の中から、真のリーダーが誕生することはまずありません。

日本の教育システムの基本思想は、用意された正しい答えを、指導どおりの方法で導き出せるか否かで評価される、答えありきの詰め込み型教育。その画一的な教育の中で偏差値を高め、より多くの過去問題にあたって有名大学に合格し、マニュアルどおりの就職活動で有名企業に就職するのが日本のビジネスマンの実態です。

答えありきの教育を受けた者にとって、答えのない問題を突破するのは最も苦手なこと。あなたが成績優秀な学生であったならば、なお

大前研一通信・特別保存版Part.11 45

さらリーダーとしての素養に疑問を持つべきです。

リーダーシップを履き違えるな！

日本式の詰め込み型教育で育ったビジネスマンでも、長年勤めていればマネジメントスキルを身につけ、管理職へと出世していくことは可能です。さらに、人脈や資金力を活かして、独立開業することもできます。

しかし、ルールに従って業務や売上を管理することはできても、困難な目標に向かって部下を牽引していくリーダーシップを発揮することはできない。それが日本企業に多く見られる、肩書きだけのリーダーたちです。

日本では多くの企業が、経営陣や管理職者を対象としたリーダーシップ研修に取り組んでいますが、期待どおりの効果を引き出しているケースはごくわずか。

多くの研修参加者から、「現場で実践してもうまくいかない」、「受講直後のマインドが持続しない」、「時間とともに忘れてしまう」という声が上がっています。

その原因は、従来型リーダーシップ研修そのものにあります。多くの企業が取り入れているリーダーシップ研修は、多忙な経営陣・管理職者の受講負荷と研修コストを抑えるため、ファシリテーション、プレゼンテーション、コーチングなどのスキル習得か、有名経営者の講義や自己啓発プログラムなどによるマインド醸成のどちらかに偏りがち。

しかも、現実のビジネスや問題解決と直結した研修ではないため、現場で実践できず、一度は高まったマインドも日常業務の忙しさの中で消失してしまうのです。

そんな画一的な研修から出来上がるのは、部下をうるさく叱咤し、成果を管理するだけでリーダーシップを発揮していると思い込んでいる、オールドタイプのリーダー職ばかり。独立開業して自ら企業を動

かす経営者も、ほとんどはオールドタイプです。

（2）真のリーダーシップとは？

　真のリーダーとは、想定外の危機、前例のない問題に直面したとき、自ら答えをつくり出して解決していく存在です。そこで発揮される力やセンスが、リーダーシップです。

　また、リーダーは必ずしも専門スキルを必要とはしません。個々の問題に対して「解決の方向付け」をし、そのために必要な「組織を構築」し、スキルを持った「人間を動かす」ことによって問題解決は可能になるのです。「解決の方向付け」、「組織の構築」、「人間を動かす」という３つの力は、ニュータイプのリーダーに欠かせない能力です。そして、これらを永続的に発揮していくには、リーダーとして「どうあるべきか」という【軸】が極めて重要です。

　それでは、オールドタイプのリーダーがニュータイプに進化するには、何をどう学べば良いのでしょうか？　その答えが、「Be Know Do」のリーダーシップ養成理論です。

あなたもニュータイプになれる！（理想のリーダー養成所は、米国陸軍？）

　「ウエストポイント」という大学を知っていますか？　これは「米国陸軍士官学校」のことで、1802 年の創立以来、パットン、マッカーサー、アイゼンハワーをはじめとする歴史的人物が士官として巣立っていきました。

　そんなウエストポイントには、世界の多くのビジネスリーダーたちが注目するもうひとつの顔があります。『行動科学・リーダーシップ学部』を中心として４年間で徹底的にリーダーシップを学ぶことができ

るのです。

これまでコカ・コーラ、GE、ウォルマート、P＆Gをはじめとする世界的企業の経営幹部を数多く輩出し、P・ドラッガーやJ・ウエルチは、リーダーシップを開発する最良の組織として「米国陸軍」を挙げています。

ウエストポイントのリーダーシップ養成において最も重視されるのは、

・Be ＝どうあるべきか

・Know ＝何を知っているか

・Do ＝何をするべきか

という「Be Know Do」理論です。

この理論に基づき、個人の内部特性を分析して弱点を克服し、EQを磨くことで個々のパーソナリティに応じたオリジナルなリーダーシップを養成します。しかも、その訓練によって常に自分を客観視するようになるため、永続的な行動変容によってリーダーシップを発揮し続けることが可能になるのです。

そのリーダーシップの根底にあるのは、

・ビジョン構想力…質問する力・議論する力・考える力

・組織構築力

・人を動かす力…コミュニケーションスキル・チームビルディングスキル

という３つの力。

これらを体系的に身につけることで、どのような問題でも「具体的な目標（解決の方向付け）」を定め、必要となる「組織を構築」し、上手に「人間を動かす」ことで解決し、壁を突破する、真のリーダーシップとなっていきます。

（リーダーシップ・アクションプログラム（LAP）メールセミナー第１～３回より）

（3）企業のリーダー教育は、もはや限界！

　私たちを取り巻くビジネス環境は、誰もが経験したことのない勢いで変化しています。その変化の振り幅はあまりに大きく、経験則や一般論がまるで通用しません。

　つまり、「正しい答え」が用意されていないのが、今という時代の特徴なのです。

　ところが、日本の大多数のビジネスパーソンは、答えありきの詰め込み型教育のなかで偏差値を伸ばし、より多くの過去問題にあたって有名大学に合格し、マニュアルどおりの就職活動によって企業に就職します。

　そして、企業においては各種の社内研修やOJTを通じてマネージメントスキルを身につけ、経験と実績に応じてリーダー的な役職へと出世していきます。そのため、ルールに従って部下や業務、売上を管理することはできても、困難な目標に対してリーダーシップを発揮し、自ら答えをつくりだしていくことができない。マネージメントは得意でも、「正しい答え」のない問題を自力で突破するのは最も苦手。それが日本のビジネスパーソンの特徴であり、日本企業にはびこる「オールドタイプのリーダー」、もっと言ってしまえば「肩書きだけの偽りのリーダー」たちです。

　「正しい答え」がない時代を生き抜いていくには、組織のリーダーたる経営者、管理職のリーダーシップが何よりも重要となります。そこで今日では多くの企業が、経営幹部や管理職を対象としたリーダー研修に取り組んでいますが、期待どおりの効果を引き出しているケースはごくわずか。

　私たちLAP事務局が人事・教育担当者にインタビューを行ったところ、「研修で習った新しいスキルを現場でうまく活かせない」、「受講直後のマインドが持続しない」、「時間とともにポイントを忘れてしまう」

という声が多くの受講者からあがっているそうです。でも、そんな声があがってくるのは、至極当然のことなのです。

近年の企業が実施しているリーダー研修は、多忙な経営幹部・管理職の拘束時間を抑え、研修予算の制約のなかで、費用対効果のわかる内容にせざるを得ない状況になっています。

そのため、ファシリテーション、ロジカルシンキング、事業提言などのスキルを短期間で習得したり、有名経営者等の講義や自己啓発によるマインド醸成でフォローアップしたりと、スキルとマインドの向上に偏っている傾向があります。しかし、どれだけスキルを磨き、マインドを高めても、リーダーシップは育ちません。なぜなら、そもそも「リーダーシップ」と「スキル」はまったくの別物であり、一時的な「マインド」は「シップ（態度・状態・情態）」として定着しないからです。

リーダーシップとは、いわばリーダーたる者の「精神」「哲学」「行動規範」のようなもの。パソコンに例えるなら、スキルは各種のアプリケーションソフト、リーダーシップはそのアプリケーションを的確に動かすOSといえるかもしれません。

アプリケーションソフトである各種スキルは短期学習でもマシン（人間）にインストールできますが、OSであるリーダーシップは長期間にわたる実践的なトレーニングや他者との関わりのなかで自己変革し、根本からアップグレードしていかなければなりません。要するに、定着させることが必要なのです。

そして、スキルは習熟度を測り、費用対効果を表すことも可能ですが、リーダーシップはレベル評価が難しく、費用対効果を表すこともできません。したがって、「時間」「コスト」「費用対効果」に縛られた企業内研修は、結果的に無駄に終わってしまっています。

この現実を誰よりも理解しているのが、画一的なリーダー教育を実施している人事・教育担当者の方たち自身です。

あなたが答えのない時代を生き抜くニュータイプのビジネスリー

ダーになるためには、自ら答えをつくりだしていくリーダーシップと
リーダースキルの両立が不可欠です。しかし、社内研修に頼っていた
のでは、リーダースキルは習得できても、リーダーシップを確立する
ことはできません。

（4）ビジネスリーダーの「シップ」と「スキル」

　言い換えるなら、リーダーシップとはどんな困難を前にしても、粘
り強く諦めず、ブレることのない、自分の【軸】ではないかと考えて
います。

　他のビジネスリーダーの模倣ではなく、自己の本質的な部分に根付
く一貫した行動原理。自らを突き動かす内なる力。

　そうした【軸】がしっかりと確立された人物であれば、経験したこ
とのない難題を前にしても、状況を的確に判断し、重大な決断にも怯
まずに決定力を発揮できるはず。また、常に物事や人を正しく評価す
る判断力により、まわりからの信頼を得られ、そうした他者評価が自
らの自信につながっていく。このスパイラル効果により、リーダーシッ
プを身につけたビジネスパーソンはますます強力なリーダーへと成長
していくのだと思います。

　しかし、リーダーは必ずしも完璧である必要はありません。自分に
弱点があっても、その弱点をカバーできる人材をそばに置けば、物事
はスムーズに進捗します。そうしたコミュニケーションスキル、チー
ムビルディングスキルも、重要なリーダースキルのひとつなのです。

　ビジネス・ブレークスルー大学の学長であり、LAP を総監修してい
る大前研一は、「リーダーの３つの条件」として次の３つの力を定義し
ています。

　1) 方向付けをする【ビジョン構想力】：世界の本質的な変化を理解し

大前研一通信・特別保存版 Part.11　　51

たうえで、factに基づいた分析を行い、組織の方向性を戦略的に決め、ビジョンを打ち出すことができる力。

2) 組織をつくる【組織構築力】：組織の能力を正確に理解したうえで、ビジョン実現のために必要な組織能力を構築できる力。

3) 物事を成し遂げる【人を動かす力】：人を動かして、結果を出し続けることができる力。

そして、これら3つの力を体系化するのが自分流のリーダーシップである【軸】です。さらに、【人を動かす力】を発揮するうえで重要になるのが、「コミュニケーションスキル」と「チームビルディングスキル」というリーダースキルです。

リーダーの使命は、戦略的にビジョンを打ち出し、ビジョンの実現に必要な組織を構築し、周りの人たちを巻き込んで結果を出すことです。

そのプロセスにおいて、リーダーは必ず周りの人たちと関わりを持ち、その関わりにおいて発揮されるのがリーダーシップです。

リーダーシップとリーダースキルは、切り離して考えられるものではありません。

ビジネスリーダーにとっては共に必要不可欠な力と考えてください。

もちろん、多くの企業が社内研修では実現できずにいるように、その両方を身につけるのは容易ではありません。特に問題なのは「環境」で、同じ組織に属し、価値観や慣習、経験を共有する者同士が集まると、その慣れ親しみが自分のなかの常識を壊して行動変容する妨げになりがちです。

リーダー養成において理想的な環境は、常識も経験も異なる他業界、他業種のビジネスパーソンたち、もっと言えば「赤の他人たち」と他流試合せざるを得ない状況に身を置き、そこから得た気づきを自己認識や自己変革へと結び付ける環境です。

さらに、時間的な拘束を受けずに知識とスキルを身につけられ、実

践と対話と内省のサイクルにより、継続的な行動変容を習慣化できる環境です。それは一般企業では用意できない極めて特殊な環境といえるでしょう。

（5）LAP流ビジネスリーダー養成メソッドとは？

「リーダーシップ・アクションプログラム」（以下、LAP）のビジネスリーダー養成メソッドについてご紹介させていただきます。

LAPの教育コンセプトは、リーダーとしての知識・スキル【Know How】＋自分の軸【Be】の一体化を表しています。しかし、知識やスキルを習得するのとは異なり、知識・スキルと一体化したかたちでリーダーシップ＝自分の軸を確立していくには、既存の教育システムにとらわれない独創的な教育メソッドが必要です。そこでビジネス・ブレークスルー大学の学長である大前研一は、もっとも効果的なリーダー養成メソッドとして、次の3つのポイントを導き出しました。

1) 相応の時間＝学びの実践→対話→内省のサイクル
2) 様々な仕掛け＝多種多彩な教育チャネル
3) 異質性＝他流試合

そして、これらのポイントを教育プログラムとして具現化し、オンライン学習とリアル研修を融合した独自の実践トレーニングを1年間にわたって展開する「リーダーシップ・アクションプログラム」を開講したのです。

LAPの教育プログラムは、次の4つのパートでできています。

1) オンライン講義：知識・スキルの習得
2) 輪読：古今東西のリーダーシップ本の輪読とディスカッション
3) 集合研修：リアル研修での実践
4) コーチング：対面またはスカイプによる EQ 検査／アセスメント など

　オンラインとリアルを融合した LAP ならではの環境は様々な効果を生み出しています。たとえば、受講生同士のディスカッションには WEB 掲示板「Air Campus」を活用するため、モバイルツールから閲覧・書き込みができ、多忙なビジネスパーソンでも通勤時間を利用して無理なく参加することができます。

　また、年 4 回の「集合研修」（卒業合宿には大前研一の特別講義を実施）は受講生が一堂に会してグループワークなどに取り組むため、その仲間意識が掲示板上でのディスカッションを一段と濃いものにします。

　そして、「コーチング」では EQ 能力開発コーチの指導のもと、EQ 検査で自分の行動特性を、アセスメント（360 度評価）で他人から見た自分を理解できるほか、振返りシートで自分の強みと具体的言動、その言動が現れる要因を明確化し、自分の【軸】を確たるものにしていきます。

　こうした効果の数々は、業種も社会的立場も異なるビジネスパーソンが、リーダーシップ確立という同じ目標を持って、1 年間にわたって本音でぶつかり合える、LAP ならではのものだと思います。ある受講生の方から、こんなメッセージをいただきました。

　「1 年は長い。でも、ビジネスの現場と研修がクロスオーバーしているので実践感がすさまじい。今起こっている課題をどう解決していくかを今考えていかないといけない。これがリーダーシップなんだと実感できた」

　「最後の 12 ヶ月目で、自分自身のよって立つ【軸】が必要だという

ことがわかった」

　1年間という受講期間は、確かに長いものです。

　でも、その長い期間があるからこそ、行動変容に必要な学びの実践
→対話→内省のサイクルを習慣化できる。様々な学び、様々な体験を
しながら、自分のスイッチが入るポイントを見つけられる。異業界の
ビジネスパーソンたちと真剣に学び合える。そして、自分の【軸】をしっ
かりと確立できる。

　これはLAPだからこそ実現できることなのです。

（「時代遅れのリーダーたちへ」LAPメルマガ特別編 第1〜3回より）

3．リーダーシップ・アクションプログラム──学長オリエンテーションより

（ビジネス・ブレークスルー大学　学長　大前研一）

　皆さんにビジネス・ブレークスルーが1年かけて提供する、21世紀で最も大切と思うリーダーシップの要諦、リーダーシップ・アクションプログラムについて、説明をしたいと思います。このプログラムのコンセプトですけれども、20世紀の日本というのは、どちらかというと、大量生産ということで、量産化時代には、レベルの高い、平均値の高い人をたくさん作り出していく、これが工業化時代の成功の条件であったわけです。また、日本はそういう人材の育成について、明治維新以来、非常に成功した人材教育というものをやってきたと思います。この結果、主として製造業、20世紀においては世界第2の経済大国になるまでに日本は成長したわけです。

コンセプト

■平均レベルの人材の大量生産を続けた結果、日本には世界と伍して戦うことの出来る真のリーダーは数える程となってしまった。
そこで、ビジネス・ブレークスルーでは後述の3つの条件を『リーダーの条件』と定義し、受講生が
「借り物ではない、自分なりのリーダーシップ」を修得するカリキュラムを設計した。

　ところが、21世紀になってみると、日本は急に元気がなくなる。車でいえば、トラクションをなくしているわけですけれども、その最大の原因はリーダーがいないということ

です。これは今の日本の政治を見ても、あるいは地方自治体、そういうところの行政を見ても、かつて日本を引っ張っていった官僚組織を見ても、そして会社を見ても、これはと思うリーダーが非常に少なくなっています。明治時代や戦後の成長期に日本が生み出した多くのリーダーはどこに行ってしまったのか。ここに焦点を当てる必要があります。

　実は世界的にも、このリーダーシップというのが非常に大きな問題になっておりまして、アメリカでは、どちらかというと、大企業が従来のような人材というものの採用を辞めて、かつて戦争に行った経験がある将校たち、この人たちを若くして採用して、それからビジネスを教えていくとか、世界中の発展途上国、あるいは新興国から人材を集めて、自分の会社の教育プログラムで訓練していく、こういうことをやっています。中でも軍隊の中心的な人材というのは、戦闘に勝たないといけないということですが、同時に重要なことは、不必要な戦争をしない、思いとどまる、あるいは自分のソルジャー、兵隊を無駄に死なせないというようなことのために、リーダーシップに関しては、ウエストポイントが非常にたくさんの考え方やアプローチというものを出してます。

　中にはちょっと確率統計に頼り過ぎて、若干いかがなものかと思うものもありますけれども、アメリカの大企業でも、このウエストポイント方式の教育研修、リーダーシップ研修というのは広く使われており、そういったことも、このプログラムでは参考にしていきたいと思っております。また、欧州の場合、特に北欧などでは、幼稚園や小学校から、世界に出て行って活躍するためにはこのリーダーシップがどうしても必要だということで、小さなグループの中におけるリーダーシップ、あるいは森の中にみんなで散歩をしていく、どちらかというとボーイスカウトみたいなものですが、そういうところでも、危険を察知してコースを変えたり、また天候を見ながら、あるいは時間を見ながら、ちゃんと目的地に予定の時間までに帰還できるようにするなどの集団行動を通じて、

小さい頃からリーダーシップというものを養成しています。

　日本は大量生産社会というものにあった詰め込み教育によって、平均値をぐっと上げることには成功したんですけれども、ふと気が付いてみると、みんな似たり寄ったりの人ばかりで、飛び抜けて集団を指導するとか、新しい方向性について、ビジョンや、信念を持ってみんなを引っ張っていけるような人が育ってないということに、ここに来て大きく気が付いて、かつ、またどうしようというふうに思っている、そんな端境期といいますか、20世紀から21世紀になってもう10年以上たってるんですけれども、そういうことに21世紀の見えない大陸と、私が呼んでいるそういう世界に入って、このリーダーの欠如というものが国を混沌とさせ、そして大きな企業が次々に破綻していく、また史上最高の（最高と言っても赤字のほうですけれども）そういった収束、大きな赤字、下手をすると外国の企業にM&Aをされるというような、そういうところに陥っている、これが今の日本だと思います。
　これについてはやはり、本当でしたら家庭において、あるいは幼稚園、小学校において、こういった環境、全然違う環境で育ってくればよかったんですけれども、そうではない、20世紀の古い教育システムで育ってきている我々（ほぼ全員ですけれども）でも、今、気が付けば、こういったことを学んでいくことができるし、演習を何回もすることによって、一人で勉強する、本を読んで勉強するだけではなくて、皆と議論をしながら、実際にそこで習得したことを実行してみる、グループの中でワークショップでやってみる、こんなことが必要になってきてると思います。ですから、コンセプトはここに書いてありますように、「世界と伍して戦うことのできる真のリーダー」、これを数としては増やしたいという私の思いが、ここに詰まっております。
　ビジネスのリーダーの条件というのを、私は定義してるんですけれども、借り物ではない、自分なりのリーダーシップというものを習得する、そういうカリキュラムを考えてみたわけであります。この三つ

の条件といいますのは、第一に、リーダーというのは環境の産物なんですね。ですから、昔ながらのリーダー、「おい、俺に付いて来い」と、こういう様なリーダーですと、

リーダーの条件

■リーダーとは、
1. 世界の本質的変化を理解したうえで、FACTに基づいた分析を行い、自社の方向性を戦略的に決め、ビジョンを打ち出すことができる
2. 自組織の能力を正確に理解した上で、ビジョン実現のために必要な組織能力を構築できる
3. 人を動かして、結果を出すことが出来る

以上を『リーダーの条件』とする。

やはり21世紀の答えのない時代には、なかなかうまくいきません。従って世界の本質的な変化というものを理解し、例えば今ではアメリカ、あるいは中国だけでなくて、世界中で十を超える非常に重要な国が出てきている、またそういうところが、かつての日本のような成長期に入っており、そういうところで企業として地方を固めるということが、もしかしたら会社を2倍3倍にしていく、そういう道であるというような、新しい現実、新しい事実というものを理解した上で、そして自分の力で、市場なり、競争なり、また世界の政治的、あるいは場合によっては宗教的な状況も考慮しながら、分析をする。そして自分の会社の方向性を決めていく。

自分の会社というのは、どういう方向に、どのくらいのスピードで進んでいったらいいのかということを決めていくという、こういうふうな方向性を見極めるという、この非常に重要なステップというのがあります。これを間違うと、古い方向に、あるいは競争相手の行っている方向に、リーダーシップよろしく、みんなを引っ張ってしまって、壁に当たるのが早くなる、こういったことになる、つまり被害が拡大することになります。

それからもう一つは、自分の組織の能力というものを正確に理解する必要があります。組織というのは、やはり個人と同じように能力を

持っています。この組織の持っている固有の能力というものを理解しないと、「よし、この方向だぞ、みんなで行こう」と言っても、組織は、そういうものを消化し、実行していく力がない場合が多い。古いことを当たり前のようにルーティン的にやるということはできても、組織が、新しいことを気が付いたからといって、実行して成果を出すということではありませんので、自分の所属している組織の持っている固有の能力というものを見極める必要があります。そして、その自分の提案する、あるいは皆で合意した新しい方向について、どのような組織能力を強化すれば、そちらの方向に行って結果を出すことができるのか、またどのような従来の組織能力が、そういう行為の邪魔をするのか、このことをよく理解する必要があります。

　この組織の持っている固有振動数とか、固有の能力というものが理解されてない、ただ単に絵に描いた餅、学問的にこういうことだ、あるいは、あの人が言ってるから、この方向にうちもやろう、競争相手がああやって走ってるから、うちも早くやろう、こういう様なことでは成功はおぼつかない。組織の持っている固有振動数を理解して、それを変える仕事をすると同時に、新しいスキルというものを組織が習得していく、このことが非常に結果を出すためには重要になってきているわけであります。

　それから全てのこういったことというのは、人を通じてやりますので、人を動かすということが非常に重要になってきます。権威があって、命令をすれば人は動くというものではありません。実は会社で仕事をしている時間というのは、大抵の会社の場合には8時間、残業2時間でも10時間ですね。問題は、会社にいない、顔を合わせていない、その時間が1日のうちの半分以上で、週末まで加えると6割ぐらいだと、こういうことですね。そのときに人を動かすといって、目の前で、「君、これをやれ」と、「はい、やります」という、こういうものでは、結果が出てこない。

　最大の理由は心からそう思ってない、人が見ていようが、上司が見

ていようが、何をしようが、その人が、このミッションというものを
実行するために、寝ても覚めてもそのことを考える、そのぐらい心も
動いている。自分も心からそういう会社になりたい、自分も心からそ
ういう集団の中で大きな貢献がしたいと思わないと、駄目なわけです。

　人を動かすということは、結局、見ていて、命令して、やっていく、
これは主と奴隷の関係みたいなものです。また、タイムマシンでチャ
リンと入ってきたときから、チャリンと出社するまでの間、その間、
人の見ている環境で仕事をすると、こんな組織では強力な結果という
のは出せない、難しいことはやれない、当たり前ですね。ですから、
見ていない時間までやるためには、本当に心から人を動かす、そういっ
たような共感、こういったものが必要になってきます。心から自分も
そう思う、従って、週末だろうが夜だろうが、パッと夜中に目が覚め
て、また何か考えたら書き留めておくというぐらいの情熱を持った人々
の集まりでないと、新しいことはできないし、ましてや新興国という
巨大なマーケットに行って成功を収めるということもおぼつかないわ
けですね。

　従って、この三つの要素というものが、リーダーシップには要求さ
れる。すなわち、本質的な変化というものを理解し、自分の組織能力
というものを理解すると同時に、変えなきゃいけない組織の能力とい
うものを、時間をかけてでも変えていく。どうしても変わらない部分
は切り捨てて、新しい組織というものをそこに注入していくと。そし
て最後は、寝ても覚めてもそういう目的に沿ってやりたい、そういう
ふうに人々が思うような、そういう人々を育てていく、そういう共感
を共有するグループを作っていく。これによって初めて、細かいこと
を命令しないでも結果が出せるということになると思います。

　やり方といたしましては、我々が、今、考えているのは、最初にリブー
トが必要になります。古い価値観を放棄してもらうということですね。
リブートというのは、カウボーイが靴の中に、何か石とか、麦わらが
詰まった、それをどういうふうに足をもがいてみても取り除くことが

できない、そのときには、そのひもをほどいて、靴を脱いで、そして逆さまにしてそれを出さないと駄目なわけですね。これは1回きれいに脱いで、逆さまにしなきゃいけない、

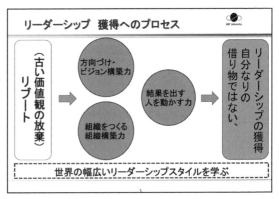

この行為のことをリブートといいまして、ちょうど2000年ぐらいにアメリカではブートキャンプというのが、はやったものです。

　すなわち、今までの自分が学んだこと、知ってること、癖みたいなものを徹底的に捨てる。それは違うんだと、新しい世界ではそれは駄目なんだと、なぜ駄目なのか、こういう理由だというようなことで、徹底的に会社などから離れて、自分の考え方の癖というものを、オールクリアしてもらう。電卓でいえば、オールクリアボタンを押してきれいにしてしまう。そして21世紀にリーダーシップのために新しいことを学んでもらう、そのメモリークリアした中に学んでもらうという、こういうことが重要になります。

　そして先ほど言いました三つのもの、方向付け、「ビジョンを構築する力」、それから組織を作っていく、「組織構築力」、そして結果を出す、「人を動かす力」と、この三つのリーダーシップの構成要素、要件というものをここで学んでいってもらいます。そして、このようなことをやると、リーダーシップというのは、偽物、借り物、まね事ではない、自分なりのリーダーシップというものが獲得できるようになると思います。

　リーダーシップで一番いけないのは、「あの人なかなか素敵なリーダーだな、私もやってみよう」と言って、そのような能力がないのに形だけまねるということで、人に嫌われる第1歩ですね。従って誰も

付いてこない、こういうことになります。ですから、リーダーシップの背景にあるのは、あの人らしいと、あの人はこういうことを言ってる、自分で考えた、そして私も同感する、共感する、こういうことが非常に重要で、借り物のもので、教育、訓練を受けたままにやっていくというのでは、駄目だということですね。

ですから、リーダーシップには個性が必要です。その個性は、この三つのリーダーシップの前提条件を一つずつ丁寧に学んでいくことによって、自分のスタイルというものが出てくる。これがリーダーシップにとって最も重要な（1回リブートした上で、新しいキャンバスの上にそういうものを築いていくと）自分なりのスタイルというものが出てくると思います。

それらをやってみても出てこないという場合には、もしかしたらその人はリーダーの資質というのが、かなり劣っているということになると思います。これはやってみないと分かりませんけれども、皆さんご存じのように、やってみる価値が非常に高い、そしてそのようなプロセスを、クラスメートの人々と、それからインストラクターの人々と一緒にプロセスを踏んでいく、時間がかかります。

我々が1年間というコース設計をしてるのも、そういう意味です。2時間の講習とか、それから3週間のトレーニングでということではなくて、1年間かけて必死で、そういった21世紀最も重要と思われる経営上のスキル、リーダーシップというものを学ぶ、こういうことを設計した理由は、以上のようなプロセスというものを、皆さん自身が習得して頂くということを考えての上です。

それからもう一つは、世界にはどういうリーダーシップのスタイルがあるのかという、ある意味、背景となる知識を知ってもらう必要があります。そのためにかなりたくさんの本も読んで頂き、これはエアキャンパスという、我々の仕掛けを使って、輪読会ということでやって頂くことになります。

日本のように詰め込み教育ではリーダーは育たない。そして、もう

ちょっと頑張ったら何とかなるという「Do more Do better」と、そういう時代は終わったんだということで、1回古い癖というものを完全にゼロクリアしてもらって、そして再起動する。白い紙の上、新しいメモリードラムの上で、新しいものを書き出していくという、このプロセスがリブートのプロセスですね。

重要な概念①　Re-Boot　BBT University

日本の教育ではリーダーは育たない

『Do more better』の時代は終わった。

現状の自分にリーダーの資質が無いことを認識（Re-Boot）するそのうえで再起動（学び直し）しなければならない

重要な概念②　フォロワーの資質も必要　BBT University

自分は答えを知っているという思いこみ　✕

聞く耳を持たない　✕

正しい判断に至るまでにやらなければいけないこと

人の話を聞く　調べる　質問する

考える　議論する　自分の問題を知る

それから、リーダーというのには、フォロワーも、もちろん必要です。自分はもうリーダーだから人の言うことは聞かないというのは、本当のリーダーではなくて、なるほど、この人の言うことは合っている、ということになったら、自分はその意見を入れていく、そして3人が違うことを言うようであれば、どれが正しいのかを議論して、一つの行動をともにするプランというものにまとめ上げていくということで、実はリーダーシップだけを勉強するというと、ある意味うまくいかない、フォロワーの資質というものも必要になります。

例えば「自分は答えを知ってるから付いてこい」と、あるいは聞く耳を持たない、「この人の言うことなんか聞かなくていいよ」と、誰が

言ったかということで、もう耳をふさいでしまう人がいます。何を言ったか、ということが重要なときに、誰が言ったかということで聞く耳を閉ざしてしまうような、そういう人をよく目にしますけれども、これもいけないということですね。

ですから、自分が正しい判断ができるまでにやらなければいけないことというのは、人の話を聞く、お客さんの話を聞く、違う部門の人の言うことを聞く、また自分なりに調べる、分からないことがあれば質問する、おかしいと思ったら質問をする、そして考える、皆で議論をする、そして自分の問題をよく知ることによって、最終的には議論をまとめていき、一つの新しい方向性というものを出していく。

ですから、かなりの長い部分というのは、自分はリーダーとしてではなくて、リーダーになるために人の話を聞き、人の言うことを聞き、なるほど、そういうことかと納得するものもあれば、いや、この意見はやっぱり違うんではないかということで議論をした上で、その言っている当人も説得をしていく、あるいはグループでその当人を理解してもらうという、こういうプロセスを経ないといけないので、例えば、斜めに、自分たちの考えてる方向に行くためには、あらゆることを知り、かつまた分析をし、この方向が正しいと、自分が揺るぎない確信を持つまで、このプロセスというもののかなりの部分というのは、実は耳を使い、目を使い、心を使って、フォローしていく、フォロワーの資質というのも非常に重要になってくるということですね。

このような1年間のプログラムですけれども、ぜひ皆さん参加して頂いて、自分を1回リブートして、新しい自分をこの中で作っていく、こういうプロセスをスタートしていただきたいと思います。というわけで、きょうから1年間のリーダーシップ・アクションプログラムがスタートします。皆さんはスタートした以上、最後までこのペースで、かなりきついかもしれませんけれども、熱海の研修所でお目に掛かれるように、ぜひ時間なり何なりを工夫して、最大の自分の時間とエネルギーをここに注いで、大きな成果を得ていただきたいと思います。

● 自ら人生の舵を取れ！

———参考コラム———
【リーダーシップの根底にある３つの力】

（1）方向付けをする［ビジョン構想力］

◆常識を疑うことから始めよ　先見力と構想力を鍛える

・大変革の 20 年から新たなステージへ

　過去 20 年間で、世界は大きく変わっている。経済、政治、社会、企業、そして個人に適用されるルールそのものが変わり、20 年前のそれはもはや通用しなくなっているものが多い。

　近著『The Next Global Stage』に書いたとおり、グローバリゼーションの流れが止まることはなく、我々はすでに新しい「グローバル・ステージ」に入っている。グローバル経済の拡大は、ビジネスの世界を１つに統合し、そこでは国境などというものは意味をなさなくなりつつある。この新たなステージについて、教科書から学ぶことなどできない。教師の書くものが教科書とすれば、教師にさえもその世界は見えていないからだ。それは最先端のビジネスに関わる人々が世界中を行き来して、互いに交わる中で、あちこちに出現しているもので、自ら見えている世界を記述しなくてはならない。見える人にしか見えてない世界を、芸術家のように記述し、また、ビジネスモデルとして構想し、切り取る。そういう作業によってしかこの世界は現実のものとならない。

　新しいグローバル・ステージでは、情報の伝達速度は速く、人々の意見やものの見方は共有され、政治や経済の発展も同じような歩調をとるようになる。ものの見方が似れば、思考法や問題解決法も似てくる。グーグルやアマゾンがアッという間に世界中の標準となったように、世界は驚くほど“同じ染色体”の人々が増殖しているのである。しかし、逆説的ではあるが、他の人々と同じようなものの見方、考え方をしていたのでは、新しいグローバル・ステージにおいて勝者となるために必要な、ありきたりでない思考法、解決法など生まれてはこ

ない。

『The Next Global Stage』に先立って、2000年に私は『The Invisible Continent』（日本語版は『大前研一 新・資本論』）を書いた。そこでは、我々の目の前に「見えない大陸」が広がっていることを論じた。

開拓者たちがこの「新大陸」に入植をはじめたのは、1980年代中頃のことである。マイクロソフトのウィンドウズは85年に出現、ユニックス・コンピュータのメーカーであるサン・マイクロシステムズは82年にスタンフォード大学のキャンパスで生まれた。84年にはテキサス大学の寄宿舎の一室でデル・コンピュータが設立され、85年にはインターネット用のルーティングを行うハードウェアとソフトウェアを製造しているシスコ・システムズが設立されている。

人類の歴史を振り返ると、大変革が起きるときは、新大陸の発見がそのきっかけになっていることが多い。新世界が広く知られることによって旧世界で常識とされた前提が変わり、富の創造や人間のなし得る試みに対する我々の考え方が大きく変わる。

ただし、今回の新大陸は実際の陸地はなく、我々の頭の中に存在しているだけだ。だからこそ、この新大陸を「見えない大陸」と呼ぶことにした。

・四つの経済空間が混在する見えない大陸

新たなグローバル・ステージ、そして見えない大陸をビジネス・プロフェッショナルとして生き抜いていくには、だれにも見えないものをだれよりも先に認識する力、すなわち先見力が必要だ。

見えない大陸には、「実体経済」、「サイバー経済」、「ボーダーレス経済」および数学的仮説のうえに成り立つ「マルチプル（乗数）経済」の4つの経済空間が相互に作用しながら混在している。

私がマッキンゼー日本支社長をしていたころ、私の仕事の対象は主に目に見える実体経済の空間だった。実体経済の空間で行われるビジネスは、他の経済空間との相互関連という点で重要な役割を果たす。しかし、実体経済の空間だけでは、現実社会を十分に反映できないケースがますます増えてきている。

サイバー経済がもたらした変化は、コンピュータと通信技術の発展が、単にコミュニケーションを向上させたにとどまらない。この技術進歩によって変わったのは、消費者であり、生産者であり、商業と文明の環境である。見えない大陸のサイバー経済で存在感を確立し、この分野の能力を開発できなければ、事業の繁栄は覚束ない。

また、世界は完全なボーダーレス経済に向かっている。もはや国家間の経済的障壁はかつてのような意味をもたなくなってきた。見えない大陸では旧世界に存在している多くの企業、個人が簡単に国境を越えて横断的なつながりをもつ。見えない大陸自身がボーダーレス化を加速している面もある。

マルチプル経済の最も重要な点は、信じられないようなレバレッジを活用することにある。投機家の使うレバレッジであろうと、株価収益率であろうと、マルチプルとは、いくつかの前提を組み合わせることで数学的に作られた数字である。アマゾン・ドット・コムが利益ゼロのときに株式交換によって他の企業をいくつも買収できたのも、高いマルチプルによって、高水準の株価（つまり巨額の時価総額）をつけていたからだ。大きなマルチプルをもつ企業は、それを適切に使えば、「本当に」大きな優良企業へと短期間で成長することも可能なのである。日本でマルチプルを最初に積極的に使ったのはソフトバンクの孫正義さんである。その後ライブドアの堀江貴文さんがマルチプルの威力を遺憾なく発揮して、旧世界の住人を驚かせた。彼のやり方が通用するかどうかには疑問も残るが、マルチプルが旧世界をゴジラのような食欲で食い尽くす可能性を日本のお茶の間に知らしめた効果は「黒船」にも喩えられる。

この四次元の経済空間を自在に操るパーソン・スペシフィック（特別な人）かつタイミング・スペシフィック（特別なタイミング）の先見力こそが、見えない大陸の覇者たる第一の条件である。

・事業領域も顧客も競合も自社さえも定義できない

私は30年ほど前に、「先見性の研究」という論文（『新装版 企業参謀』の巻末に収録）で、先見性の必要・十分条件として、次の4つの要件を挙げた。

⑴事業領域の定義が、明確になされている。

⑵（将来の予言ではなく）現状の分析から将来の方向を推察し因果関係について極めて簡潔な論旨の仮説が述べられている

⑶自分のとるべき方向についていくつかの可能な選択肢のうち、比較的少数のもののみが採択されている。また選択された案の実行に当たってはかなり強引に人、物、金を総動員して、たとえ同じようなことを行っている競争相手がいても時間軸で差が出ている。

⑷基本仮定を覚え続けており、状況が全く変化した場合を除いて原則から外れない。

これら４つのプロセスを踏み、成功を収めた事業家たちは、後に「先見性があった」と評されたのである。

また私は1975年に書いた『企業参謀』の中で、3C、すなわち顧客(Customer)、競合(Competitor)、会社（Company）の３つの視点から戦略を構築していく方法を説いた。

私がこれらを書いたころは経済も産業も安定していた時代で、業界や競争相手、顧客の定義が容易であった。実際、ステレオ・コンポーネントやデジタル時計など、この理論にのっとって起案・構想された数多くの商品やビジネスが、1980年代から90年代の半ばにかけて、成功を収めている。私が『企業参謀』で「提案」した、過剰なサービスを排して低料金を実現する理髪店モデルも、10分1000円の「QBハウス」として96年にようやく日本に登場した。

しかし、1990年代後半から、世の中は大きく変わった。事業領域も顧客も競合も、そして自分の会社すらも、定義できなくなっている。

たとえば、カメラ業界とは何か。携帯電話メーカーはカメラ業界なのか。デジタルカメラのメーカーはカメラ業界なのか。

デジタルカメラは、パソコンがなければその機能を活かしきれない。したがって、パソコンに対してインプットとアウトプットをするI／O（入出力）機器と言えるだろう。

そうだとすれば、従来からカメラを製造してきたペンタックス、オリンパスとは一体何なのか。携帯電話まで作るのか、と問えば「いや、

その気はない。わが社はカメラメーカーだから」と答えるだろう。

　現実には、もはやカメラ業界など存在しない。あるのは、レンズなどの部品メーカーのみである。カメラさえ、Ｉ／Ｏ機器の部品でしかない。カメラメーカーの競争相手はカメラメーカーではなくなった。家庭向けのプリンターも今ではミニラボに置き換わっている。

　それでは顧客とはだれか。デジタルカメラの市場を牽引してきたのは、若い女性である。カメラ機能のついた携帯電話を片手に「写メール」（Ｊフォン＝現ボーダフォンのサービス）をさかんにやりだしたのが彼女たちだった。それを見たメーカー各社が次々とデジタルカメラ付き携帯電話を発売したが、カメラ業界は完全に後れをとった。

・壊すべきフレームワーク、陳腐化するケーススタディ

　パソコンのＩ／Ｏ機器としてデジタルカメラが一般に普及し、携帯電話がデジタルカメラを搭載し、若い女性がその市場を牽引していくことを数年前に先見していた人がいただろうか。

　やはり30年前のこと、情報のデジタル化が進めば、複写機は消滅すると私は言っていた。ある複写機メーカーに、いずれ複写機はプリンターやファクスと一体化する。だからまずはプリンターとファクスを一体化した商品を開発すべきだと提案した。しかし、そのメーカーは、私の意見をまったく受け付けなかった。プリンターはプリンターで売れている、ファクスはファクスで売れている。「別々に売れているものを一緒にする必要はない」というわけだ。

　こうした事例は、時代を先見し、なおかつ新たなビジネスを構想していくことがいかに困難かを物語っている。ビジネススクールで教えている従来のフレームワークでは、ヒット商品やビジネスモデルを予見することは無理なのだ。というより、フレームワークを壊さなければ、新しい発想は生まれないし、また事業の成功はない。

　マイケル・Ｅ・ポーターの戦略論もハーバード・ビジネススクールのケースメソッドも、今の経営には役に立たない。ケースは過去の成功例であり、すぐに陳腐化する。かつて栄華を極めて、今ではなくなっている企業も少なくない。

　もちろん、凡人には見えないものを見ることで成功を収めている経

営者もいる。シスコ・システムズのジョン・チェンバース、デルのマイケル・デル等が代表例だろう。彼らは、まさにマイケル・E・ポーターのバリューチェーンを破壊することから新しいビジネスシステムを構築している。ERP（企業統合システム）の持つ破壊力を誰よりも先に見、かつ徹底的に実現したのである。

　彼らに学ぶべきヒントはあるが、その戦略をまねしても成功することはない。なぜなら、その戦略による成功は、パーソン・スペシフィックかつタイミング・スペシフィックなもので、別の人間が別のタイミングで、その戦略をそっくり真似しても、同じ結果にはならないからだ。21世紀の「見えない経済大陸」では個人の頭の中の発想こそが全てに優先する貴重な経営資源となる。

　20世紀の常識に照らせば、21世紀は非常識の時代である。旧い経済の常識にとらわれていては何も見えてこない。新しい世界の新しい現実を瞬時にとらえ、正しく理解できなければ、先見などできない。「見えない大陸」「新たなグローバル・ステージ」における新しい常識を学ぶには、まず自分自身に刷り込まれた常識を1つ1つ疑ってかかることだ。「見えない大陸」に関する知識などだれももってはいない。これが過去形で語られ、確かな知識が伝授されるようになれば、そこにはもうビジネスチャンスなど残ってはいないはずだ。21世紀のビジネス・プロフェッショナルは、「従来の常識を疑う」ことを習慣としなければならない。

・芸術の世界に似ている21世紀の経済

　顧客も見えない、競合も見えないという「見えない大陸」「新たなグローバル・ステージ」においては、自分たちの事業領域を切り出す作業から始めなければならない。では、これからの時代に必要な見えないものを見る力、先見力とは何か。

　タイガー・ウッズのゴルフを思い浮かべてほしい。アンジュレーション（地面の起伏）や芝目を見る行為そのものはだれでもやる。しかし、ウッズとの違いは、そこからボールの道筋が見えるかどうかであろう。

　ウッズには見えているから、彼のパットは大きなカーブを描き、あるときにはS字形を描きながらホールにおさまる。見えていない人間

だとこうはいかない。たとえば私のゴルフである。目指す位置に旗を立ててもらい、「そっちではない、こっちに向けて打て」とキャディーに言われても、体が言うことをいかない。結果、中途半端なところへ打ってしまう。

経営も同じだ。ボールの転がる道筋が見えなければ、見えるホールにとらわれて、「そっちじゃない、こっちだ」と言われても、手が動かない。あるいは、「いや、私はこっちだと思う」と言ってきかない。何度やっても結果は同じである。

21世紀の経済は見えないだけに、芸術の世界に似ている。

19世紀後半のパリでは、マネ、ドガ、セザンヌなどの天才的な画家が暮らしていた。また19世紀前半のウィーンには、リスト、チェルニー、サリエリ、モーツァルト、シューベルト、ベートーベンなどの偉大な音楽家が集まってきていた。これは何を意味するのか。お互いの能力で啓発しあって、アウフヘーベン（止揚）した結果である。才能のある者どうしが、その雰囲気のなかで揉まれると、凡人には見えないレベルのことをやり遂げる。絵画で言えば印象派しかり、キュビズムしかりである。

考えてみればスポーツも同様だ。タイガー・ウッズという突出した才能の出現によって、世界中の人がウッズを見て研究する。その結果、ウッズと同じようなことができるようになってくる。やがてウッズよりさらに強いプレーヤーが出現するだろう。

21世紀の企業社会は、まさにそのようなものだ。一部の非凡な経営者なり会社なりが出現し、それを見て周囲がまねる。そしてしばらくすると、コツをいち早く習得した別の優れた経営者や企業が現れるだろう.

こうした時代の特性を理解し、自分自身の過去を否定し、まったく新しい未来を見ることのできる経営者や企業のみが見えない大陸で成功する。

見えない大陸は、手ごわい。「実体経済」「サイバー経済」「ボーダーレス経済」「マルチプル（乗数）経済」という次元の異なる4つの経済空間が複雑に絡み合い、企業活動や生活を変えようとしているが、多くの企業には、そのうちの「実体経済」しか見えない。そこから、

誤算が生まれる。カメラメーカーのみならず、フイルム事業で大成功を収めて世界を席巻したイーストマン・コダックや富士写真フイルムの例がある。これらの企業は今、いまだかつて体験したことのない危機に瀕している。IP電話の出現によって電話会社も同じ運命を辿ることとなる。

一世を風靡したポラロイドは、2001年に破産している。ポラロイドはデジタルカメラ事業への投資を早々に開始した。強力なブランド力を有し、グローバルに流通が展開され、技術力もあった。にもかかわらず同社が失敗したのは、過去のアナログ世界における成功体験が見えない大陸では通用しないことに気づかなかったからだ。まさに全ての写真がインスタントとなる時代のもくずと消えたのである。

グローバル経済を牽引しているのは、目に見えない「サイバー経済」だ。「サイバー経済」の拡大によって、「ボーダーレス経済」が加速し、「マルチプル経済」の波及効果を増大させる。この経済全体を見通すのは、容易なことではない。ことに、旧い大陸での成功体験にとらわれている企業に、この複雑な時代の先を読むことを期待するのは無理がある。ポラロイドのような悲劇は、今後もあらゆる分野で起こりうる。

・8億人を1つの市場としてイメージできるか

21世紀の「見えない大陸」を切り開くには、見えないものを見る「先見力」が必要だが、見えたものを具体化し、世界のだれも思いつかないようなまったく新しい商品やビジネスモデルを生み出すには、「構想力」が求められる。

すぐれた先見性が成功へとつながらなかったケースは実に多い。シリコンバレーにおけるベンチャー企業の淘汰、日本のバイオブームやマルチメディアブームでの淘汰を見れば、一目瞭然である。

先見した未来図を商品やビジネスモデルへとつなげるには、成功の必要条件と十分条件を満たす仕組みを構想できなければならない。必要条件は、ニーズであり、そのニーズを満たすビジネスに何人が賛同し、どのくらいの代価を支払ってくれるのか、さらに代価を回収する仕組みまで構想できることが、十分条件となる。

つまり、21世紀の複雑な経済空間の覇者となるには、世界中で暮らす8億人のニーズを緻密かつ周到に調査し、8億人に受け入れられる製品やサービスを構想することが求められる。8億人というのは、インターネットや携帯電話を使いこなしている消費者の数だ。このすべてを最初から1つの市場としてとらえているかどうかが、成功するか否かの鍵となる。

8億人市場を相手にするには、先見力と構想力、そして経営・財務面での知識が不可欠だ。日本のITベンチャーのなかには、先見力・構想力にすぐれた例は少なくない。にもかかわらず、その多くが白昼夢の如き失敗に終わるのは、経営・財務面での知識がなく、経営的に見て十分条件を整えることができないからにほかならない。

マッキンゼーにいた23年間で、私は540人を採用し、厳しいトレーニングによって彼らを鍛え上げた。

最近、そのマッキンゼー出身者が起業し、株式を上場するまでに成長するケースが出てきている。例を挙げれば、2005年2月に東証マザーズに上場したネットオークションの会社「ディー・エヌ・エー」がある。創業者は大学を卒業してすぐにマッキンゼーに入ってきて、最後はパートナーまでつとめあげた南場智子である。

彼女は今、「マッキンゼー時代の厳しいトレーニングがなければ、今の私はなかった」と語る。

マッキンゼーを退職し、会社を設立するとき、彼女が私を訪ねてきた。「起業資金か」と問うと、「資金は集まっています」という。「では、私に何の用か」と重ねて問うと「（事業資金は必要ないが）ご祝儀をください」という。思わず「甘ったれるな、バカヤロー」と答えると、「あ、それ」と彼女が目を輝かせた。彼女は、「目新しい商品」を思いついたのだ。何と「大前研一の罵声を15分間電話で浴びることができる権利」をオークションの最初の商品として提供して欲しい、というのだ。彼女のこのセンスは、もって生まれた資質に加えて、マッキンゼーでのきびしいトレーニングによって磨かれたものだろう。

ちなみにこの「商品」は、大阪の人が7万2000円で落札し、電話で話すだけでは気の毒なので、15分間面会した。また、南場は「15分で7万2000円なら、私は大前さんから3億円分（の罵声）をい

ただいています。ありがとうございます」と落札された瞬間に電話してきている。この頭の回転の速さが彼女の真骨頂であろう。

また昨年9月に同じく東証マザーズに上場したソネット・エムスリーのCEO・谷村格、同僚の永田朋之、トーマス・M・カラハンの3名とも学卒でマッキンゼーに入って、南場と同じような厳しい20代を過ごしている。谷村は「日本の医療の世界を変えたい」という信念をもって、医療専門サイトの運営、製薬会社の医師向け情報提供・マーケティング活動の支援を行う新しいビジネスモデルを構築している。

IT系のベンチャー起業家も玉石混交だが、マッキンゼー出身者は、経営・財務面でのトレーニングを積んでいて、基礎ができているので、大きな失敗をすることはなく、仮に1つの事業がうまくいかなくても、事業転換を図ることもできるのが強みだ。マッキンゼーの出身でも構想力や先見力があまりない人ももちろんいる。彼らは起業するよりも大きな組織に行って活躍している。あるいは、優れた構想力を持つ経営者の参謀として活躍している者も多い。自分の得意技を知ることが今より大切な時はない。

・本田宗一郎には「世界のホンダ」が見えていた

　先見力も構想力も、子供のころからの積み重ねによって培われるものだ。せいぜい20代までの過ごし方で「見える人」と「見えない人」に分かれてしまう。

　松下幸之助、本田宗一郎、盛田昭夫といった20世紀の偉大なる経営者たちを考えてみればわかるだろう。彼らはみな日本を変えるような偉業を20代から始めている。何もないゼロの状態から起業した彼らには、現代にも通じる先見力と構想力があったのは言うまでもない。

　ホンダの創業者、本田宗一郎は、従業員が数十人しかいない時代、ミカン箱を逆さにした台の上に立ち、社員を集めて朝礼をしていた。そのときからすでに本田氏は社員に向かって、「浜松の部品工場ではだめだ。いずれ完成車を作る。そして世界のホンダになる」と話していた、と西田通弘さん（ホンダの元副社長で世界化を担当、現在は同社顧問）の『隗より始めよ』という本に出ている。世界というのであれば、日本も世界の一部である。ならば「海外事業」というのはおか

しいと考えた西田さんらは、国内事業と国外事業に分けずに、日本、アメリカ、ヨーロッパの事業を一部、二部、三部と並列にした。従業員数十人のときから「世界のホンダ」が見えていた証である。

　ソニーの共同創業者、盛田昭夫も事業の先を読んでいた。東京通信工業という社名は海外では通用しないということに早くに気づき、トランジスタラジオの音質のよさを象徴する「SONY」というアルファベット4文字の社名を思いついた。盛田にとっては、世界ははじめから1つの大きな市場だった。そして「Think Globally, Act Locally（地球規模で考え、地域単位で行動する）」を社員たちにも説いていた。

　先見力と構想力、さらに実行力に長けた経営者としては、たとえば、IBM前会長のルー・ガースナーも挙げられる。彼はハーバード・ビジネススクールでMBAを取得後、マッキンゼーに入社、4年でパートナーとなり、その後アメリカン・エキスプレスの副会長、RJRナビスコ会長兼CEOを経て、1993年にIBMの会長兼CEOに就任した。コンピュータ業界の様相が一変し、大赤字から消滅の危機に直面していたIBMで、ハード機器のハコ売りから、ソリューションの提供へとビジネスモデルの大転換を図り、IBMを立て直したことはよく知られている。自主的な事業体の連合というかたちでの事実上の解体に向けて動こうとしていたIBMで、彼は「いまIBMに足りないのはビジョンだけだ」と宣言し、会社をバラバラにしないという決断を貫き通した。絵を描く構想力、眠る時間を惜しんで仕事をする気力、体力、そして何よりIBMを立て直すのだという気概はたいしたものだった。また、進むべき方向としてコンサルタント出身であるが故に指導しやすい「ソリューションの提供」を選んだことも幸いしている。IBM生え抜きの人間では仮に同じ目標を立てたとしても、具体的指導はできなかったろうと思われる。

・議論する力、考える力を鍛えるトレーニング法

　先見力や構想力は、もって生まれたものが大きい。ピカソが描く女性の顔は、ピカソにしか見えない。凡人がいくらトレーニングしたところで、ピカソと同じように見て、描くことはできない。

　したがって、世界や日本を変えるような先見力や構想力を後天的に

身につけるのはむずかしいが、それでもトレーニングによって個々の能力を高めることは可能だ。

また音楽などの芸術と比べれば、ビジネスのほうが年齢のハンディは少ない。20代からトレーニングをはじめても遅くはないし、命がけでやれば30代からでも間に合うかもしれない（ただし、命がけで努力する人間を私はあまり見たことはないが）。

では、どのようなトレーニングを積めばよいのか。以下にそのヒントを挙げる。

①「見える人」の近くで働く

1つには、「見える人」の近くで働くということだ。絵画のパリ、音楽のウィーンの例からもわかるように、「見える人」はおのずと1つの場所に集まってくる。できればその近くに身をおき、彼らが何を見ているのかを吸収するとよい。先見力があると思う起業家、経営者や上司の下で、彼（彼女）らの思考、発想、仕事のやり方をつぶさに観察するのも1つの方法だろう。

②ロジカルシンキングを鍛える

日本人はロジカルシンキングが苦手である。育つ家庭の中にロジックがないからだ。親が「早く寝なさい」と言い、こどもが「なぜ」と聞くと、「こどもは早く寝るもの」「親の言うことに逆らうな」……。このようなロジカルシンキングとはほど遠い会話が交わされる。

これを続けていたら、考える力は消えてしまう。

したがって日本人は、意識的にロジカルシンキングをトレーニングしなければならない。たとえば毎日、新聞から1つのテーマを取り出し、自分ならどうするかを考えてみる。たとえば毎日、テレビのコマーシャルを1つだけ見て、自分が経営者や宣伝部長ならば、そのコマーシャルを打ったかどうかを考えてみる。

そうやって毎日1つのテーマでよいので、論理的にものを考える習慣をつけるとよい。これを繰り返すことで、ロジカルシンキングの能力を鍛えることができる。

携帯電話の未来図を考えるというのもいいだろう。携帯電話の未来

にはさまざまな可能性が考えられる。たとえば携帯電話を自動車の鍵として使えるようになるかもしれない。「5年後の携帯電話の使い方」を真剣に集中して考えてみる。あなたは、未来像がいくつ考えだせるだろうか。

ロジカルシンキングというのは先見力や構想力の対極にあるのではないかと思っている人が多いが、事実はそうではない。構想が飛ぶ人は、飛ぶ瞬間前までは極めて突き詰めて事業領域などを狭めているものだ。アコーディオンのように、問題を狭めていくロジカルな思考と、発想を大転回する作業を絶え間なく繰り返している。したがって、発想が飛ぶためにはタイトに思考を積み重ね、狩り場（ハンティンググラウンド）を狭めていく事をしていなくてはならない。そうでなければ、白昼夢とかわらない夢想の世界に入り込む。

③議論する力を鍛える

2005年4月に開校する「ビジネス・ブレークスルー大学院大学」では、リアルタイムで学生どうしが議論する「エアキャンパス」というネット上のキャンパスを設けている。

たとえば今だったら、フジテレビ側とライブドア側の双方に学生を立たせて、徹底的に討論させる。西武グループをテーマにしてもよい。西武の解体を依頼されたら、あなたならばどのように解体するか。みずほ主導の西武再建案の問題点は何か？こうして24時間リアルタイムで、意見をぶつけ合うのである。

これは、私がマッキンゼーで行っていたきびしいトレーニングをイメージしている。20代、30代の若造が60代の経営者に意見するというのが、マッキンゼーの仕事である。高額のコンサルティング料をいただくからには、親子ほども年齢が違う経営者を説得し、納得させるだけの意見をもち、また反論に答えるための事実の積み重ねを用意していなければならない。そのためには、自分のプライドをズタズタにされるような、日々の厳しいトレーニングが必要なのだ。

・上司の顔色をうかがわず自分の意見を述べよ

読者がすぐにでも実行できることを挙げるとすれば、「上司の顔色

をうかがう」のではなく、自分の意見をいう習慣をつけることだろう。自分の意見というのは自分の従来からの主張ではない。新しい事実に裏打ちされた論理的帰結である。議論は、摩擦を生むためのものではなく、新しい事実を見いだすためにある。恐れることはない。大企業のなかには、入社後30年は下積みというところがいまだにある。30年も上司の顔色をうかがって仕事をしていたら、犬も吠えなくなる。学卒で大企業に入社し、10年もすると意見をいえなくなる。かつてマッキンゼーでも、「上司の顔色をうかがう」タイプの人間を採用したことがあるが、考えているのは社内営業ばかりであった。意見を求めると、顧客のトップや上司である私の意見を聞き出して、それに沿うように自分の意見を構築しようとする。危険きわまりない習癖だ。

　このような風土からは、先見力も構想力も育つわけがない。新しい世界に即した戦略や組織の提案が出てくるわけがない。議論する力は、構想の契機を与え（必要条件）、質を高めるだけでなく、実現する上でも（十分条件）欠かせない能力である。

　予定調和の議論からは、何も生まれない。今の経済に必要なのは、会社全体のコンセンサス、経済界全体のコンセンサスではない。個々が見えている世界を主張し、議論を戦わせながら、世界中のだれも考えつかないような商品やビジネスモデルを構想することだ。そうした世界にコンセンサスなどあるわけがない。自分にどのような世界が見えるのか、それを主張することが全ての始まりとなる。その構想をどう実現するかでは多くの人が入って議論を重ねるメリットがあるが、最初の「絵」を見るのは個人である。21世紀の戦略はポーターでもバーニーでもない。パーソンスペシフィックである、と私が主張する理由はまさにここにある。

　繰り返すが、「新たなグローバル・ステージ」「見えない大陸」で生き残る道は個人がそうした能力を磨くこと。それしかない、と思っている。

(Think! 2005・Spring 東洋経済新報社)

◆右脳と左脳を総合的に駆使するビジネスのプロを目指せ！

　人間は、言葉を話したり、論理的に思考する左脳と、言葉ではなくイメージの認知によって直観的、感情的に思考する右脳という機能を備えています。

　最近は、「左脳と右脳の機能は、分化されているわけではない」という説もありますが、それでもやはり、両者の働きは少し違うようです。たとえば、同じ経験をしても、それぞれの脳の受け止め方は異なっているとされます。どちらの力に頼るかによって、能力はもちろん性格にまで差が生じます。つまり、個人の能力や人格は、「脳の使い方のクセ」に強く影響されているのです。

　正常な脳は、ある事象に対して左脳が反応するか、右脳が反応するかを常に選択しています。しかしこれは人間が意識的に決定するものではありません。

　左脳も右脳も、それぞれ問題を解決しようと試み、その可能性を先に察知したほうが反応します。両方が競合した場合は、より高度に活性化されたほうが他方を制御します。できれば、その問題の解答に適した側の脳が支配するのが理想的ですが、必ずしもそうなるとは限りません。

　恐ろしいことに、この競争のメカニズムで、ある課題について右脳が左脳に一度でも負けてしまうと、次からは同じ課題に対して右脳は注意を払わなくなり、左脳に対する競争力が次第に劣っていきます。これが繰り返されると、時間の経過とともに優劣が広がり、問題解決に際して右脳の出番がなくなってしまうのです。

　両方の脳を同時に駆使し、言語的問題と視覚的問題を並行して考えることは不可能ですが、片方の脳が思考しているとき、もう一方の脳が自動的に働く範囲であれば、その知識や能力を使うことができます。たとえば、「話をしながら、クルマの運転をする」という行為は、その典型です。

　意識的に右脳が支配権を握っていても、単純な作業であれば左脳の力を引き出せるのです。このように、左脳と右脳の機能は分化してい

ても、衝突することなく、両者に特有の機能を相互に使える仕組みになっています。

アイディアを図案化したり、図式化する手段は右脳的思考が支配権を握るのに有効です。左脳の論理的思考から解放されることにより、右脳の直観的思考は次々とアイディアを創出することが可能になります。優秀なビジネスマンは自分の考えを図で表そうとしますが、このとき、左脳の論理的思考から解放されるわけです。

しかし右脳は自らこれを論理的に評価できません。その価値を厳正に評価し、問題解決するには、左脳の論理的思考に依存しなければなりません。右脳と左脳のあいだのこの相乗効果こそが、アイディア実現の基礎となります。

優れたビジネスプロフェッショナルには、直観、洞察、創造といった右脳の力を、左脳がもたらす論理的能力に有機的に結び付ける努力を積極的に行なうことが求められます。

多くのトップリーダーは意思決定を下す際、論理的能力とともに、直観力を駆使しています。トップの意思決定には不確定要素や不合理な計数が山ほどあり、単純な論理だけでは決断ができません。経験に基づく直観的判断もまた、大いに必要となるのです。

創造的思考にも、左脳と右脳の能力を共に働かせます。人間は、記憶したものを並べ替えたり組み合わせて「考える」作業を行ないます。記憶という作業をするのは左脳で、その働きはコンピュータの記憶装置と酷似しています。

一方、右脳は、記憶を瞬時に合成し、埋没してしまったパターンを見出すことを可能にします。このプロセスを踏むことで、知識や経験を生かした、真に創造的なブレークスルーが得られるのです。

さらに問題を解決する際も、左脳と右脳における能力のバランスが問われます。問題解決の第一ステップはロジカルシンキング。事実に基づく質問を自らにぶつけることで、問題の範疇を狭めていきます。ここで使うのが分析的・論理的な思考をする左脳です。

第二ステップでは、戦略的自由度を探ります。右脳を駆使して、答えの可能性を幅広く考えます。そこから出てきた答えを再び事実に基づいて検証・評価し、利害得失、実行の可能性、適任者の有無、組織

の受容性などを検討します。

　こうして選択の幅を狭め、最終的に一つの案にまとめるのです。このプロセスでは、左脳的思考に切り替えなければなりません。

　最後の実行プロセスでは、行動計画を立て、人員を配置し、予算を計上します。このとき、周囲の人を「その気にさせる」ための説得や交渉が必要です。ここで再び右脳的思考が重要となります。

　このように必要に応じて左脳的思考と右脳的思考を切り替え、さらに連動することができれば、あなたの仕事力は格段に向上するでしょう。

　「左には左、右には右の得意な分野がある。どちらか一方というのではなく、バランスをうまくとることが大切」と、『右脳革命』＊の著者のトーマス・ブレークスリーも述べています。

　それでは、左脳と右脳をバランスよく働かせるにはどうすればよいのでしょうか。

　私は、左脳と右脳の相互作用という「第三の領域」が重要になると考えています。現在、盛んに行なわれている人材育成研修、MBA取得などは、左脳の能力向上に比重を置いた訓練を重ねます。左脳の訓練が可能ならば、右脳の能力を高める方法も、左右両方を駆使する訓練も発展させることができるはずです。

　左脳と右脳をバランスよく駆使し、同時に両脳の相互作用の妙に気づくことで、ビジネスのプロフェッショナルとしての能力は磨かれます。そして、左脳も右脳も超越した総合力を備えた人材こそが、問題解決のスピードと質を上げ、新しい価値、事業をつくり出し、二一世紀の経済社会で成功を手中に収めるのです。

＊『右脳革命』T・R・ブレークスリー著／大前研一訳編（プレジデント社 1981 年／新潮文庫 1993 年）

（週刊ダイヤモンド 2005/9/24 号）

（2）組織をつくる［組織構築力］

◆徳川家康──これほど尊敬に値する「経営者」はいない

・家康の右に出る経営者はいない

　私は歴史というのは、自分が生きるために、あるいは国の運営や会社の経営に、どう役立てるかという視点から学ぶものだと思っている。だから歴史上で〝ほれている〟人物はいない。ただ、〝尊敬に価する〟人物はいる。

　徳川家康である。

　尊敬に価する人物には二つのタイプがある。

　まず、自分が同じ立場にいたとして、とてもこうはできないな、と感じてしまう人物。もう一つは、世界を見渡してもこんな奴はいないぞ、と思える人物である。どちらの点においても、家康は特筆すべき人物なのだ。

　では、何が特筆すべきことなのか、私なりの解釈で六点ほどあげてみることにする。

　まず第一点目に、若い頃に苦労している。三河の一向一揆、三方ヶ原での敗戦など、二〇代、三〇代でものすごく苦労している。そして辛抱強く一つひとつ克服して、同じ過ちは二度と繰り返していない。こうした点は現代のサラリーマンにも随分参考になると思う。

　二点目に、交渉術に長けている。関ヶ原の合戦に代表されるように、周囲を寝返らせて最終的には自分が勝っていく。つまり、交渉術が非常にうまいのである。

　三点目に、世界をよく理解している。たとえばキリスト教に対し、政教分離をきちんと行ない、布教は制限しつつも交易は活発に行った。実際、当時、一つ間違っていたら、日本はスペイン・ポルトガルの餌食となって、南米の二の舞になる可能性が極めて高かった。だから私は家康に対し、常に心の中で手を合わせて感謝しているのである。

　四点目に、二六〇年も続く組織をつくったということ。世界に英雄と呼ばれる人は数多（あまた）いる。アレキサンダー大王、チンギス

-ハン、ナポレオン……。みな戦いは強かったが、組織づくりはうまくなかった。アメリカ建国の父たち、たとえばジェファーソンやワシントン、アダムズなどは、二〇〇年続く強力な国家を作ったということで、私も研究対象にしているのだが、彼らは複数で、チームプレーでそれを為し遂げている。その点家康は、ほとんど一人でやってのけた。つまり家康は、経営者として極めて優れていたと思うのだ。

　五点目に、合理的な制度を敷いたということ。基本的に諸大名が逆らわない制度をつくったわけだが、各藩にかなりの自治を与え、産業を興させるという点において、現在の中央集権国家よりも、地方は豊かだった。税金だって、私が払っている六五パーセントより、当時の方が安かったはずだ。また農民を武士に次ぐ身分とし、優遇したことも重要だろう。大名といえども、勝手に農民を搾取したり、土地を奪ったりしてはいけない。つまり家康は、すべての原点に食料問題があることに気づいていたのである。そのほかにも街道を整備して交通網、情報網の発展に努めるが、しかし攻め込まれてはいけないので、軍艦の建設や大規模な工事は禁止している。実にクレバーなのだ。今の会社の社長さんで、そこまで考えて組織をつくる人がいるだろうか。

　そして六点目に、徳川家の家訓、ルールを明確にしたこと。もし暗愚な子孫が将軍として絶対権限を持てば、幕府崩壊はおろか日本自体が転覆してしまう。そこで家康と同じレベルの「偉さ」を維持するための手段として、家訓を守らせた。さらに家康は、六四歳で自分の世継ぎを定めると、さっさと将軍を辞めてしまう。しかも彼が後継者に選んだのは、まだ二七歳の三男。これは大した物だと思う。優れた人物にあとを継がせて、自分の目が黒いうちに、きちんとやれるかどうか見ておく。あとはルール通りというわけだ。いつまでも自分一人が偉いような顔をしている現代の経営者に、見せてやりたいほどである。

・家康がいたから日本は激浪をしのげた

　私は経営コンサルタントの仕事をしているが、組織経営において、家康の右に出る人はいないと断言できる。さらにつけ加えるならば、関ヶ原の功労者、彦根の井伊家の役割も無視できない。初代の井伊直政は戦陣で常に先鋒を務め、徳川家に貢献したが、幕末の井伊直弼の

功績もまた実に大きい。直弼は欧米に後れた日本の実力を認め、阿片戦争による清国や、植民地化されたアジア諸国の轍を踏まないために、開国を準備した。そして小栗忠順を抜擢する。小栗は正式な特使として渡米し、ペンシルベニアの造幣局で、金の通過交渉をやってのけた。直弼の人を見る目は確かだったのである。江戸時代を見るときに、その最初と最後に徳川家と井伊家のコンビが果たした役割は、もっと評価されるだろう。

　今、ノーベル賞に一番近いといわれるポール・グルーグマンは、戦国から江戸の日本人について、これほどIQの高い国民はいなかったと語る。このことを現代の日本人は忘れてしまっているが、戦国の頃は世界最大の武力を持ち、識字率も世界最高だった。そしてその日本の土台を築き、また世界史の激浪の中で奇跡的に日本を存立せしめたのが、史上最も優れた経営者・徳川家康だったのである。

（歴史街道 1999 年 5 月号　PHP 研究所）

（3）物事を成し遂げる［人を動かす力］

◆感動させるスピーチ力

・論理の飛躍や矛盾を 海外の聴衆は見逃さず

　スピーチというのは、ただ伝えたいことや思いのを言葉にすればいいというものではない。人びとを納得させ、彼らの行動を望ましい方向に変えるというのが、スピーチの目的なのである。

　そのために重要なポイントをいくつか挙げてみよう。

　一つ目は、話の内容がロジカルであること。とくに、欧米というのはロゴスの世界だから、論理矛盾があるような話はまず受け入れてもらえない。私自身も講演で話をしながら「この部分は論理的に飛躍しすぎているかな」と思うことがたまにあるが、そういう部分を海外の聴衆は絶対に見逃さず、必ずあとで厳しく指摘してくる。

　剣道と同じようにちょっとでもスキがあったら、そこを突いて相手を倒すという訓練を子供のころから受けている彼らは、それが習慣

になっているのだ。そんな彼らに日本式の理より情に訴えるスピーチは、ほとんど通用しない。

説得力のあるスピーチをするには、まず自分の主張をサポートし、バックアップするための客観的事実や証拠を徹底的に集めることだ。

では、客観的事実を十分に集められないようなテーマや状況下で話をしなければいけないようなときは、どうすればいいのか。

たとえば、「何かの案に反対だが、未来のことだから一〇〇％正しいかどうかは誰もわからない」という状況があったとする。

そんなときには、「論理的に一〇〇％間違っているとはいえないけれども、私のいままでの経験では、この種の証拠に基づいて行動したときには、後悔することが多かった。たとえば、こういうことがあった。こういうこともあった。今回の案はこれらに酷似しているので、私としては非常に躊躇する」という控えめな言い方で説得するという方法がある。つまり、「自分の経験」を仮の証拠にして、「なるほど」と思わせるのだ。

ただし、「新聞にこう書いてあった」とか、「テレビで評論家がこういった」というような類は証拠にはならないから勘違いしてはいけない。これまで新聞や評論家がどれだけ間違えてきたかを考えれば、なぜ証拠にならないかは説明の必要もないだろう。

そういう意味では、テーマは一つに絞ったほうがいい。二つ以上になるとどうしても印象が拡散して、聞き手に強いインパクトを残すことができなくなってしまう。極端なことをいえば、話そうと思っている内容の四割は思いきって削り、「私は今日、このことだけをいうためにここにきました」といって話を始めると、それだけでこれまでより格段にいいスピーチになるはずである。

三つ目は、話の内容が聞き手にとって身近であること。抽象的な言葉で高邁な理念や理想ばかりいくら語っても、具体的な日常を生きる人たちの耳にはなかなか届きはしない。それが自分たちの生活にどのように影響してくるのかがはっきりして、初めて人びとはその主張に真剣に耳を傾けようとするのである。

四つ目は、そこにドラマがあること。スピーチというのは聴衆を感動させてナンボなのである。だから、同じことをいうにしても表現を

工夫して、どうしたら相手の心に響くか、言い方を考えるのはもちろんだが、それだけではまだ十分ではない。歌舞伎でもただ台本をみながら淡々と口上を述べていたら、誰も感動などしない。山場で「音羽屋」「高砂屋」などと声がかかるのは、そういう気持ちになるように、役者が序盤から考えて演じるからである。

　スピーチも歌舞伎と同じ。聞き手を感動させるにはドラマが必要なのだ。

　私はスピーチのプロだから、構成や話し方の引き出しが複数あり、話の内容やどういう講演かによってそれらを使い分けるということができるが、普通の人にそれは無理だし、そこまでやる必要はない。起承転結をはっきりさせ、できるだけゆっくり抑揚をつけて話す。重要なところにきたらいったん間を置いて、さらにスピードを落とす。これで十分である。

YouTube などで名演説を観て学べ

　スピーチがうまくなるいちばんいい方法は何かといえば、それは場数を踏むことである。そして、もう一つは、他人の上手なスピーチをたくさん聴くことだ。そこで、最後に、日本のビジネスマンがぜひ聴いておいたほうがいいスピーチをいくつか紹介しておく。

・スティーブ・ジョブズのスタンフォード大学卒業式でのスピーチ

　アップルコンピュータの CEO であるスティーブ・ジョブズはこのスピーチで、自分が正当な親の子供ではないということや、貧乏で大学にいけなかったという人生の負の部分を包み隠さず語っている。そして、それらはすべて「Stay Hungry. Stay Foolish」という彼のメッセージにつながっていく。このとき、ジョブズはすでにガンに侵されていた。まさに身体を張って、人生において大事なものは何かを伝えたのである。

　とくに語るべき適当なテーマがないときは自分のことを語る、これもまたスピーチの基本だといっていい。

・ランディ パウシュの『最後の授業』

　カーネギー・メロン大学でコンピュータ・サイエンス（バーチャル・リアリティー）を研究していたランディ・パウシュ教授が、最後の授業で行なったスピーチは、彼が余命数カ月の末期ガンということもあって、文字どおりこれが『最後の授業』となった。

　自分が子供時代にどんな夢をみていて、それを妨げようとするレンガの壁をどうやって叩き壊してきたかという話を、具体的な例を挙げながら説明していき、最後は、人生で成功するかどうかはわからないが、夢を持ち続けるとこんなに素晴らしいことが起こるのだと結ばれる。テーマがはっきりしていて構成に無駄がない、さらにパワーポイントによる写真の使い方も効果的で、説得力がより高まっている。まさに誰もが参考にしたいスピーチのお手本だ。

　※これらはいずれもインターネットを探せば原文や日本語訳が手に入るが、いきなりそういうものを読んでしまうのではなく、できればYouTubeやDVDなどで音や映像を観たり聴いたりしながら、しゃべり方や雰囲気を味わってほしい。

(The21 2010/1月号 ＰＨＰ研究所より)

1年間の受講を終えて

2012年春のLAP開講以来、【Be＝自分の軸】の重要性に気づき、自己変革への道を歩き出した方たちが大勢います。まず、LAP受講生の内訳は、年代別にみると、40代：47％、30代：39％、50代：10％という比率で、受講生の約90％を30〜40代のビジネスパーソンが占めています。

役職でみると、課長～経営者クラスが多く、一般会社員の方、士業や医師の方まで幅広い受講生の方々がおられます。LAP受講生に共通しているのは、本質的なリーダーシップを確立し、真のリーダーになることを決意した方たちだということです。しかし、受講費用を自己負担してまでチャレンジするとなると気軽には決心できないでしょうし、様々な疑問や不安を抱く方がいらっしゃるのも当然だと思います。

LAP事務局はこれまで何十回とガイダンスを開催してきましたが、そこでお会いした多くの方から共通した疑問を投げかけられました。

「リーダーシップは生まれついての資質ではないのか？」

「今から学んでも、自分が優れたリーダーになれるとは思えない…」

「長期間のトレーニングを続けられるか自信がない…」

ガイダンスでは、こうした疑問や不安に対して、私なりの自信を持って返答しています。その自信の根拠は、LAP卒業生たちの明確な変容です。同じ疑問や不安を抱いていた受講生の多くが、1年後にはしっかりとした【自分の軸】を確立して卒業されています。

（LAPメルマガ特別編 第4最終回）

次に、2012年春のLAP開講以来、【Be＝自分の軸】の重要性に気づき、自己変革への道を歩き出した方たちの生の声をご紹介いたします。

LAP 受講体験記

【1】リーダーシップの王道を学び実践することでタイムリーに職場で活かせる

〈LAP12期卒業　大手製薬メーカー勤務ブームリーダー　40代男性〉

◆受講のきっかけ

もともと、私はリーダーシップを兼ね備えていると感じていましたが、リーダーシップにも王道があると感じ、LAPでのカリキュラムを通じて自分のリーダーシップに磨きをかけるために、つまり自分の強みを更に伸ばそうと受講を決心しました。

◆受講中の気づき

リーダーシップで最初に学ぶことは、リーダーは自分自身を知っている必要があることでした。そのために先ずはコーチングを受けるわけですが、ここで自分のBe（あるべき姿）は何かを確認されます。

案の定、自分のBeは何かわからないままでした。そのBeを探す旅がLAPでのカリキュラムとともに始まったのです。

特に受講して良かったと思うところは、リーダーシップの王道を毎月の輪読書から学び、エアーキャンパス上に投稿した自分の考えに対して受講生から多くのフィードバックをもらえることです。そのフィードバックにより自分自身の固定概念が覆され、新しい発想が思い浮かびます。

またそのようなディスカッションを通じて受講当初に投げかけられた自分のBeを徐々に認識・確認できるようになりました。後半にはグループワークが用意されており、リーダーであるための多くの要素がそのワークを通じて試されます。

グループワークのメンバーとの学びは、LAPでの集大成とも言える

活動でした。

　私は、その学びをそのまま職場で実践してメンバーからの信頼を得る事に成功いたしました。

◆受講後の変化

　LAPを受講する前には、少しでもプラスになればと考えていましたが、少しではなく、大きなプラスになりました。自分のBeを探そうと考えた事が一番の収穫でした。

　なぜ自分のBeを探すことが重要なのかを気づかせてくれたLAPは私の人生の中で大きな分岐点でした。

　リーダーシップを学問と実体験で学べたことに加えて、LAP12期生の素晴らしい仲間に出会えたことも大きな財産となりました。現在は、LAPでの学びをリアルな職場で直ぐに活かす事ができ、組織の中でも力を十分に発揮することができております。

【2】ヒトに関心を持ち、学び続けることの起点に

〈10期卒業　大手食品メーカー勤務　副所長（当時）　40代男性〉

◆会社の期待と、貢献したい私がきっかけでした

　「リーダー」「リーダーシップ」という言葉には、あまり意識が向いておらず（実際には意味がわかっていなかったと後で知る）、チームや組織の方向付けをする「ビジョン構想力」を学ぶことで、所属している開発部門の中長期の方向性を示す一助になりたいという思い、なって欲しいという当時上司の期待もあって受講することにいたしました。

◆短期間、教科書では学べないコトが

　私が、LAPで気付き、学んだことは、大きく２つ。

　①自分自身の「Be」を探求し見つけ出すこと。

そのためにも、メンバーからフィードバックを受け、同様にメンバーにフィードバックをすること

②主体的に関わること

リーダーとして必要なスキルよりも、人として自分の生きる道を見つけるという意味合いが強いプログラムだったと思っています。それゆえ、2〜3日の短期研修では叶わず、長期で強制的に考え続けさせられるということに意味があったのだと思います。

「その人に付いていきたい」と思ってもらえる「人間力」を深く考察し、組織やチームとしてハイパフォーマンスな状態を創るために、1年間かけて、アドバイスを受け、時には自分ひとりで、そして仲間とともに考えていきます。

プログラムは、まず「私自身が何者であるか（Be）」を考えさせられることから始まります。

そこで私がハッとしたことは、我社の企業理念をソラで言えることはできても、自分自身の信念や価値観を語ることができないことでした。入社以来18年間同じ会社で働き続け、組織の人間として育ててもらった結果、ある意味従順な、一方では自分を持たない、私として面白味も魅力も見えなくなっていたことに気付きました。ここから「果たして自分は何者なのか？」という自問自答が繰り返されます。

その過程で最も大切なのは、「内省＝振り返り」をすることと、周囲から率直なフィードバックを受け、それを素直に受け入れることでした。

私自身、普段の生活では周囲（一人一人）を見ていないし、周囲の人も自分が思っているほど自分に関心を持っていない。実は自分自身のことさえもよく見えていない、関心を持っていないことを知らされることになりました。

プログラムの中でそのことに気付かされ、そして半ば強制的に、積

極的に人に関わっていく。

それが周囲の人へのギフトになり、そのギフトは回りまわって自分へのギフトになる。

「フィードバック」はそんな意味を持っていました。自分に関心を持つこと、周囲の人に関心を持つことで、自分の影響の輪を広げ、内側、外側双方向のアプローチにより自分探しをしていきました。

自分に「Be（自分の価値観／大切にしているもの／歓びにしているもの etc.）」があるように、周囲の人にもそれぞれ「Be」があり、それをお互いに尊重し合う。ヒトに関心を持ち、尊重することで、真のコミュニケーションが取れるようになると、個人の価値観を共有できるようになり（互い一致するという意味ではありませんが）、周囲の人の価値観・チームの価値観とが互いに影響し合うようになり、やがて個人とチームの価値観が近づいていく。

そのとき個人のパフォーマンスが最大化し、結果チームの成果に繋がっていくのかなと思います。

もうひとつの気づきは、意志をもって主体的に動かないと何も始まらないということです。

自分は勿論のこと、メンバーそれぞれが、物事に主体的に関わっていくことが、コトを動かしていくパワーになるのです。チームの中では、スキル、性格、メンバー同士の関係性において、それぞれの役割があります。役割は違えども、主体性を持つよう意識することは

誰もができることです。

それぞれが意志をもってアクションしていく、自分がアクションを起こすことで周りから何かのリアクションがある。時には衝突もありますが、真剣な意志をもったパワーどうしは、正面衝突で打ち消し合うと言うより、融合して別の次元へ深化（進化）する。

停滞や後退もありましたが、それも次のステップへの重要なプロセスであったのだと思います。その繰り返しが、いわゆるチームワーク

になるのかと感じることができました。

　後半グループワークの課題そのものは、他のビジネススクールでも、また一人で学ぶことのできる内容なのかもしれません。ただし私の場合は、上述の①②を、まさにアクションしながら、自分自身で、仲間とともに考えることができました。これは、教科書や、講義を受けても学ぶことはできません。

◆この1年間が、この先10年、20年に影響する？
　私が、さも簡単に自分の「Be」を見つけることができたように映ったかもしれませんが、実はそうではありません。
　「これだ」と思えた瞬間もありましたが、自分の情熱の源はどこ？本当に？を繰り返しました。言葉にできるようなものではないのかもしれません。自分自身のリーダーシップもそういうものなのかもしれません。
　受講のきっかけとなった目的とは異なる着地になったように思えますが、スキルやモノの考え方ではなく、その前提となる「人として」を生涯学び続けたいと思えたことが、
　私の収穫でした。これから積み上げていくための基礎を打ち直した感じです。
　『日々内省し、継続して学び、人間力を養う努力をすること。』それができること＝つまり自分をリードできることが、リーダーの根源だと思っています。
　アクションすることを怖がらず、主体的に動き出してみる。そして振り返る。この年齢になって「自分探し」に出掛けるドアを開き、一歩踏み出したところですが、今はワクワクして、この先が楽しみで、そしてこの機会が得られたことを喜んでいます。
　後に、この1年間のLAPが、私の再出発の起点になったと思う日が来ると確信しています。

自ら人生の舵を取れ！ ●

【3】 リーダーシップの真実を探求した先に得たものとは

〈LAP10 期卒業　建設会社勤務（当時）役職者　40 代男性〉

◆ LAP 受講のきっかけ

　LAP 受講前、私はエンジニアとして 10 年間、台湾で建設事業に携わりながら、BBT 大学院で MBA を学び、2014 年に修了しました。

　修了後は MBA で得たスキルを活かし、台湾における新規市場参入戦略や、グローバル市場参入に関わる新規事業戦略を立案し、会社に提案をしていました。

　しかしながら、MBA 修了後 1 年経っても、自身の構想したアイデアや戦略が動き出すことはありませんでした。

　「なぜ、周囲の人は私の考えを理解してくれないのか？」

　「これでは、MBA を学んできた意味がないじゃないか！」

　こんなことを考え、悩み、悶々とした日々を過ごしていたなか、仕事の関係で日本に一時帰国することになりました。LAP 入学半年前のことです。

　「私が立案した台湾事業戦略やグローバル事業戦略が実現しないまま、私は日本に帰らなければならないのか！」

　激しく動揺し、落ち込みました。

　帰国後、何とかして自身の構想やアイデアを前に進めたいという一心で、藁をもすがる思いで LAP の門を叩くことを決意しました。

　ただ、この時点では、自分の構想が実現しない本当の理由や、1 年後に LAP を通じて自身が得る学びや成果の大きさについて想像すべくもありませんでした。

◆メンターとの出会い

　思い立ったが吉日、LAP のガイダンスに参加させていただくことになります。

大前研一通信・特別保存版 Part.11　　95

そして、LAP の門を叩いた初日に衝撃を受けます。LAP 事務局の白崎さんから、

「なぜ、坂田さんは新規事業を提案しているのか？」

「そもそも、それは本当にやりたいことなのか？」

という本質的な問いかけをされます。

しかしながら、それにはっきりと答えられない自分がおり、初日にして、早くも自身の信念や行動指針が不明瞭になっていたことに気が付かされました。

更に、事務局から「LAP 入学前に読んでおくといい」と勧められた書籍を読み、早くも 2 度目の衝撃を受けます。今でも以下の言葉が頭に残っています。

- リーダーになろうと目指すのではなく、リーダーは結果としてなるものだ
- リーダーシップはフォロワーを前提とするのではなく、フォロワーを生み出すプロセスだ。

この本を読み、今まで自身が抱いていたリーダー像に対する認識を根底から覆されました。

それまでは、

「どうやって周りの人々を引っ張っていこうか？」と考えていましたが、そうではなく、

「どうすれば周りの人々がついてきてくれるのか？」と考えを 180 度改める必要性に早くも気付かされたのです。

そして LAP での 1 年間を通して

「どうすれば周りの人々がついてきてくれるのか？」

そのためには、「どのような言動が必要なのか？」

また、「その言動を引き起こすための確固たる軸はなんなのか？」これを探求することになるのです。

自ら人生の舵を取れ！ ●

◆ LAP でのトレーニングの日々

LAP には、自身の大切にしている価値観を探求し、その価値観に基づいた自身の信念（軸）を確固たるものにするための実践的なトレーニングが数多く用意されています。

超一流の講師陣の講義、輪読会、集合研修、コーチングといったリーダー育成のための仕組みが整えられており、なかでも AirCampus 上（以下 AC）でのディスカッションは、

LAP におけるリーダー育成の基幹部分でした。

一流の講師陣の講義を拝聴し、古今東西のリーダーシップに関する名著を読みながら、

リーダーシップのあり方について思考します。そして、自身の思いや考えを AC 上で発言し、行動し、講師や仲間からのフィードバックを受けるというプロセスを通じて、徐々に自身が大切にしている価値観や自身の信念（軸）を認識することができ、価値観に基づいた行動を無意識にとれるように設計された秀逸なプログラムです。

そのような LAP の学びと実生活での実践を通じて、徐々に自身の軸、自身の存在意義、

「なぜ仕事をしているのか？」という本質的な問いに対する答えが見えてきました。

私が LAP を通じて確立した自身の存在意義は、「世の中に新しい価値を創造することで、世界社会、またそこで暮らす人々を豊かにすることに貢献する。

また、その過程において関わる人々の成長と真の幸せを追及する」ことにあり、これこそが私が生きている、生かされている意味であるという信念を得ることができたのです。

すると、不思議なことが起きました。今まで、新規事業提案をする際に感じていた心配や不安を感じなくなり、自身のやるべきことにフォーカスできるようになりました。

更に LAP のコーチングや、人を動かす力、チームビルディングなど

大前研一通信・特別保存版 Part.11　　97

● 自ら人生の舵を取れ！

のスキルを駆使することで、今までバラバラだったチームが同じ方向
に向かって動き出したのです。

◆試練

　しかし、物事はそう簡単には進みません。台湾で顧客やサプライ
ヤー、台湾事業のメンバーを巻き込みながら、進みはじめたプロジェ
クト計画は、大きな壁にぶつかります。

　新規市場参入はリスクが高いとの猛烈な反対にあい、計画が頓挫し
てしまいます。

　台湾社会のため、台湾に住む人々のためと信じ信念をもって提案し
ていたプロジェクトだったため、正直この時は、自身の存在意義を否
定されたようなショックを受けました。

　信念をもち行動すれば、必ず試練にぶつかります。しかし、今振り
返れば、この試練は、自身の信念や軸が本物か否かを問う重要なリー
ダー育成のプロセスだったのです。

　講師の先生、クラスメートの声に励まされ、自分の信念（軸）が本
物かを内省した結果、やはり反対されてもやるべきことはやるべきだ
と決意を新たにし、諦めずにプロジェクト遂行の道をメンバーと共に
探ることを続けることができたのです。

　そうした私の行動が認められ、この４月から新規事業立ち上げの部
署に配属されることになりました。

　私の大切にしている価値観と信念に基づく行動が周囲の人々の目に
とまり、共感と支援を得ることができたと感じた瞬間でした。

◆受講後の自分の変化とこれからの抱負

　LAP での１年間の学びを通して、リーダーとなるために本質的に大
切なことは、

　「自身の大切にしている価値観に基づく信念と軸を確固たるものにす
ること。そして、

98　　第１章：真のリーダーシップ教育の必要性

常にその信念に基づき行動することである」ことに気がつくことができました。

更に、メンバー一人一人を尊敬し価値観を認めあうことで、1つの目標に向かって進むことができることを学びました。

これからも、新規事業立ち上げに伴い、様々な試練に直面すると思いますが、その都度、自分の信念（軸）を確かめながら、社会や人々のために新しい価値を生み出して社会貢献していきたいと考えています。

【4】辛くて、そして楽しく充実した LAP の１年間の振り返り

〈LAP10 期卒業　医師　40 代男性〉

◆受講のきっかけ

LAP 受講前、私は病院勤務を経て内科クリニックを開院して９年ほど経っている頃でした。最初、外来だけだったクリニックが訪問診療もやるようになり、徐々にスタッフの数も増えてきました。

これまでは、スタッフに対しては、自分の仕事ぶりを見てもらって、同じ方向性を持って仕事をしてもらえればいい、くらいに思っていましたが、人が多くなるにつれて、それでは

うまくいかないと実感することも増えてきました。ちょっとしたスタッフ同士のいざこざ、仕事への不満、患者さんからスタッフへのプレッシャーなどなど、このままスタッフが増えるとまずいかな、と思ったわけです。

今後、病院経営をしていく上で何かヒントが得られるのではないか。そう考えて、受講を決意しました。まあ、卒業合宿で熱海のせかいえに泊まって、大前学長に生で会えるという特典に惹かれたという不純な動機もありましたが。

◆受講しての気づき

　プログラムの最初のタイミングで、EQ検査を受けて、職場のメンバーによる自分自身の360度評価をしてもらいます。自分で仕事を立ち上げて、経営者となってからこうやって

　スタッフからの評価を受けることもなかったため、いきなり戸惑いました。そしてその結果を踏まえて、一対一でコーチングを受けます。

　一言でいえば、自分自身を見つめ直すこと。

　これまで漠然と思っていた自身の「強み、弱み」を言語化することで、現在地を正しく把握し、ありたい姿へのGAPをどう埋めていくのか？を深く考えさせられます。まさに学長が言う「リブートする」必要性が最初から浮き彫りになりました。

　それから毎月1冊ずつ課題図書を読んでAC上でディスカッションしていきます。

　リーダーシップについて、様々な角度から繰り返し焦点を当てていくので、ちょっとずつ自分の中でのリーダーシップ像が変わっていくのがわかりました。毎月、違う本が課題図書となるのですが、繰り返し強調されるのは、リーダーシップは自分が作るものではなく、周りから結果として評価されるものだということです。

　そしてリーダーは周りの人たちの素晴らしいフォローワーでもあるべきだとも気付かされます。

　受講前は、いかに自分がしっかりと仕事をして周囲を引っ張っていかなければならないか、そんなことばかりを考えていましたが、この一年で、

　「自分の弱みも見せていいんだ。その上で自分がぶれない気持ちを持って仕事をすれば、それに共感する仲間が率先してついてきてくれるはず。そのためにはまず周りのみんなの仕事ぶりに尊敬を払えるよう、一人一人の仕事ぶりを見ていくことが大切。」

　といった考えになっていきました。同期受講生が約30人。様々な職種のメンバーがいて、

いろいろな価値観がディスカッションで展開され、輪読での本の内容がぐっと深まりました。

僕自身、最初ハイペースで投稿していくのですが、後半は仕事とプログラムの両立に苦しんでいきます。

後半の半年は輪読に加えて、グループワークが始まります。4人前後のメンバーで半年かけて、一つのミッションをまとめ上げるのですが、これが大変でした。仕事で全くこのワークに時間が取れない自分に、情けない思いで一杯でした。

ただ、グループワークのメンバー発表のあった時の集合研修で、プログラムの事務局の方から、「普段自分が仕事では全て仕切っている染谷さんが、そう出来ないときに周りのメンバーにリーダーシップを取ってもらうようにするにはどうすればいいか、それを考えるのもリーダーの役目では？」

と言われて、とても気持ちが落ち着いたのを今でも覚えています。メンバーの一人に取りまとめをしてもらい、僕はなんとか脱落しないようについていくという半年間でした。

受講終了して今、1ヶ月経ちますが、まだ思い出すとメンバーに対して申し訳ない気持ちとありがたい気持ちの入り混じった感情がふつふつと湧いてきます。

そして、プログラムの最後を締めくくるべく、卒業合宿があります。それぞれのグループの発表、そして1年間を振り返り、仲間たちからのピアフィードバックもいただきました。

この時、事務局から僕ら受講生に対してちょっとしたプレゼントをいただきました。とても嬉しく受け取ったのですが、その後メンバーから事務局に恩返しをしたいという話が盛り上がり、

プログラム終了直前にこちらからもサプライズプレゼントをしました。この時のメンバーのまとまりを見て、この研修プログラムの価値

を実感しました。そして事務局メンバーもこの時に僕らの仲間になったのです。

◆受講を終えて

自分の中で1年前と何か変わったか？

うーん、大して変わっていないと思います、表面上は。

でも、内面は大きく変わりました。受講前に思っていた漠然としたこれからへの不安。今ももちろん不安はありますが、自分自身がこうしていこうという軸が内面にできて、以前ほどぶれなくなりました。自分の心構え、スタッフへの対応、振る舞い、患者さんへの対応。

ひとつひとつにLAPでの学びが染み込んでいます。

LAPでの学びを思い出さない日はありません。

こんな時はどうすべきか、常に思い出して対応している自分がいます。今後は、この一年の学びを生かして、自分に続くリーダーを育てていきたいと思っています。

もちろんLAPも受講させたいと考えています（笑）。

最後に、LAP事務局の方には、心から感謝しております。

我が10期の様々なメンバーの細かい悩み事に対応してもらい、最後まで研修を続けられました。

みなさま、これを読んでいただき、感じるかもしれません。決して楽な一年ではありません。

ですが、だからこそ得られる満足感はめちゃくちゃ高いです。

第2章 「自ら人生の舵を取る」大人に育てる

文責：アオバジャパン・インターナショナルスクール／
アオバジャパン・バイリンガルプリスクール　宇野 令一郎

『親の最大の役割は、
「自分でメシが食える大人」
に育てること』
　　　　　——大前 研一

1. 幼児学童期から身につけたい、21世紀の「三種の神器」

自信を持てない日本の子どもたち

PISA（Programme for International Student Assessment）という、OECD（経済協力開発機構）が2000年から継続して実施している国際学力調査がある。

PISAでは、義務教育が終了する15歳の時点で、それまで学習してきた内容を実生活の課題に応用できるかを測る。調査対象は読解力、数学的リテラシー、科学的リテラシーの3分野。最新の2015年の調査において、日本は前72か国中、読解力が8位と前回の4位から落ちたものの、数学的リテラシーは5位、科学的リテラシーは2位であった。日本の教育は、色々と議論はあるものの、少なくとも義務教育段階までは国際的には悪くはなく、子どもたちも比較的しっかり学んでいるといえそうだ。

一方「幸福度（well-being）」を見てみると、高校1年生の生活満足度はOECD平均より低く、72か国中68位と、はっきり言ってかなり低い順位となっている。また「平成26年版　子ども・若者白書（内閣府）によれば、自分自身に満足している割合が、比較対象6カ国（米国・イギリス・フランス・ドイツ・スウェーデン・韓国）では概ね70-80％台であるのに対し、日本の若者は45.8％と圧倒的に低い、という結果が出ている。

日本の若者は他国比しっかりと学んでいるのに、自己肯定感が低く、

幸せを感じておらず、自分に誇りを持てていない。日本自体は、少子高齢化・人口減少によりゆるやかな衰退をたどる可能性があり、国レベルではあまり明るい未来は待っていない。したがって少なくとも個人レベルでは一人ひとりが「自ら人生の舵を取る」満足度の高い人生を送って欲しいものだが、15歳の時点で既に下向きになっている現状は好ましい状況ではないだろう。

　本章ではそんな現状を鑑みて、小さな子どもを持つ、または将来子どもを授かるかもしれない読者を対象に、子どもたちが「自らの人生の舵を取れる」大人となるためにどのような教育が必要か、子育てで応用できそうな材料や情報も提供しながら考察してみたい。
　この後述べるように、「自ら人生の舵を取る」可能性を拓くには、大人になってからの教育やトレーニング以上に、幼児・学童期からの教育が大切なのである。

ペリー・プリスクール・プロジェクト

　なぜ幼児期の教育が大切かということを示した調査に、ハイスコープ社が1960年代に行ったペリー・プリスクール・プロジェクトというものがある。これは3-4歳の子どもたちを対象に、幼児教育を行ったグループと行なわなかったグループを分け、子どもたちが大人になった以降まで追跡調査を行っているものだ。40歳時点での両グループの比較結果は顕著で、学歴、年収から逮捕歴にいたるまで、明確な差が出る結果となった。
　この調査は、幼児期の教育への投資は就学後の投資よりも投資対効果が高いという、ノーベル経済学賞を受賞したこともあるシカゴ大学のジェームズ・ヘックマン教授の主張の論拠として知られることとなった。経済的観点から見た幼児教育への投資は、個人レベルのみならず、国レベルで経済的成功と富の増加をもたらし税も増える、健康的な生

活を送る割合が増えることで医療費も減る、犯罪減少により刑務所費用も減る、費用対効果が高い投資ということである。

またこのプロジェクトによって、幼少期の教育においては所謂 IQ や知識量といった認知能力以上に、好奇心・コミュニケーション能力・社交性・協調性・精神の安定・やる気といった非認知能力の向上が人生の成功に大きな意味を持ち、その後の成功の重要な要因になっていることが判明した。

日本ではこの調査結果が、2017 年 12 月現在検討が進んでいる幼児教育無償化の根拠としてしばしば言及されている。幼児教育なら何でも効果があるというわけではないのだが、ここでなされた幼児教育がどのようなものだったかは殆ど言及が無いので、以下に纏めてみる。

- 子どもの興味に沿って遊びを選択する自由度を持たせたアクティブラーニング形式
- 教室内にアート・ブロック・絵本などの興味分野別コーナーを配置、子どもたちは好奇心に従って遊びながら学ぶ
- 子どもたちに何をしたいかを計画させ、実施させ、最後にレビューさせる plan-do-review サイクル
- 先生の役割は教えることではなく、共に遊び、話をし、子どもの興味をさらに引き出すことにある
- 発達段階にあわせた教育内容（Developmentally Appropriate Practice、つまり所謂早期詰込教育ではない）
- 毎日 15 分のサークルタイム（子どもたちが先生を囲んで歌やお話、ゲームをする）
- 頻繁な保護者と先生のコミュニケーション（毎週の家庭訪問）

つまり一言で言えば、子ども中心の教育であり、子ども全員に同じ活動をさせる一斉保育や、知能・IQ 開発のために行われる早期知育教

育・記憶教育とは異なる。幼児教育の質や内容に言及のないまま、現状の日本の幼児教育を無償化するのでは、国として期待した投資対効果が得られないのではないだろうか。

人生で成功するための教育内容は、所謂早期教育・詰込教育というより、ペリー・プリスクール・プロジェクトで実施されたような、子どもの発達段階に合わせて好奇心を引き出すような教育である、という研究結果は他の研究でもあるものの、幼児学童期の教育の効果の検証は、対象者の人生を通じて追跡されるべき非常に長期間のもののため、研究数は多くない。その点このプロジェクトは、半世紀にわたり追跡調査を行っている、大変貴重な研究である。そして、幼児期の教育はその後の教育にも増して、人生に大きな影響を与えるということは、間違いなさそうだ。

21 世紀に身につけさせたい力

大前研一はいくつかの著書において、21 世紀の三種の神器として論理的思考力、リーダーシップ、英語、またビジネスパーソンには IT・ファイナンスも含め修得すべきものと述べている。

これらのいくつかは幼児学童期からその基礎を育むことができる。例えば論理的思考力は知識を効率よく獲得するだけではなく物事を正しく理解し判断する、あらゆる学習分野の基盤（OS）となるものだが、考える力も幼児期から成長させることができる。また、英語力も、後述するように幼児期からスタートすることは大きなメリットがある。

インターネットによって、一般的な情報や知識は Google 検索で容易に獲得できるようになり、記憶することの価値は大幅に減じている。さらにいまや、高速で正解を提示する AI が進化発展を遂げる中、生身の人間の残された役割として、新たな課題を発見し、答えのない問題を解く、といったことが一層重要視されるだろう。

そのための OS となる考える力が弱く、日本国外で活躍するための英

語が弱いままでは、海外の人達とビジネスで対峙した際に思うような
コミュニケーションもとれず、良いアウトプットを出せないだろう。

　子どもの英語教育と、考える力の教育は、直感的にも大切だと問題
意識をお持ちの読者も多いと思う。次節より、子どもたちが「自らの
人生の舵を取る」大人になる観点で、幼児学童期からの「英語」、そし
て「考える力」の育成について考えてみたい。

２．バイリンガルを目指す英語

2.1. なぜ幼児期から英語を始めるのか

英語の必要性

前著「答えのない世界〜グローバルリーダーになるための未来への選択〜」でもデータを見たとおり、日本の経済規模は国際比較において将来は徐々に縮小し、国内市場から海外市場へ活路を見出さざるを得ない可能性は益々高まると見られる。

- 日本の１人当たり名目国内総生産（GDP）は2000年の２位から下がり続けている
- 日本の人口は減少が始まり、2060年の人口が凡そ86百万人程度と推計されている
- 現状４人に１人の高齢者（65歳以上）の割合が、2033年に３人に１人、2060年には約2.5人に１人と推計されている

「自らの人生の舵を取る」うえで、少子高齢化と人口減少が進む日本よりも海外において活躍のチャンスが多いと予想するならば、英語という言語は、これから80年程度を生きる世代では益々重要となるだろう。

世界における英語のシェアをみる指標のひとつとして、"Internet World Stats: Usage and Population Statistics"を例にとると、2017年6月現在、インターネット上で使用される言語の25.3%は英語である。

日本語は 3.0％に過ぎない。英語比率は中国語比率の増加（中国語は 2 位で 19.8％）に伴い下がってきてはいるものの、圧倒的に 1 位である。

子どもの教育において英語の必要性を感じさせるもうひとつのデータとして、イギリスの高等教育専門誌「THE（Times Higher Education）」の「THE 世界大学ランキング」を紹介したい。

これは世界の大学 81 カ国 1102 校の順位が示されたもので、最新の調査ではトップはオックスフォード大学。2 位はケンブリッジ大学、3 位がカリフォルニア工科大学とスタンフォード大学、5 位にマサチューセッツ工科大学と、上位は英米大学が独占している。翻って日本の東京大学は 46 位、京都大学は 74 位である。東京大学は 2013 年では 23 位だったが徐々に落ちてきている。

こういったデータを見て、日本の大学ではなく海外の大学進学を考える子ども(そして親)が増加することが考えられる。そしてその場合、殆どの子どもと親が直面する課題は英語力不足だ。

自動翻訳によって英語は不要になるか

インターネット上の無料の翻訳サービスは、以前は殆ど使い物にならなかったが、近年の進化には目を見張るものがある。例えば Google 翻訳は 2016 年のアップデートで大幅に改善し、使えるレベルになってきた。さらに Google は、2017 年に自動翻訳イヤホンもリリースしている（実用性はまだまだのようだが）。

自動翻訳技術の進化により、今後英語力は必要なくなるのだろうか。現時点で答えを出すには時期尚早だが、コミュニケーションを、同期型（リアルタイムのもの）と非同期型（リアルタイムでないもの）に分けて考えることはヒントになる。言語習得の 4 技能のうち、同期型は「聞く・話す」であり、非同期型は「読む・書く」である。

e メールに代表される非同期型コミュニケーションは、リアルタイムでの回答を求められないので、自動翻訳によってかなり代替できる可

能性がある。

　一方で対面で話したり聞いたりするような同期型コミュニケーションは、即時反応が求められるほか、表情やボディランゲージなど非言語コミュニケーションも含めて行うことが多い。何よりすでに世界中の多くの人は、英語を学び英語を話すことができる。Face-to-face の現場において一人だけ自動翻訳機を使用することに違和感は生じないのか、またビジネス上の成功のみならず異国の人との信頼関係や友情が自動翻訳機を解して成立するのかは、疑問が残るところだ。

　このように考えると、「読む・書く」非同期型はともかく、「聞く・話す」同期型コミュニケーションの場面で英語を使用する場合は、自分自身の生の言葉で丁々発止でコミュニケーションすることの重要性は簡単には減じないだろう。そもそも自動翻訳技術がどこまでこなれているかは、まだ未知数である。グローバリゼーションが進む世の中で、自動翻訳を期待して口語英語力を学ばないリスクは、まだ大きいのではないだろうか。

語学学習のスタート時期

　多くの日本人は、「英語の勉強に膨大な時間を費やしているが、費やした時間に見合った英語力を身につけていない」、と感じているだろう。また、TOEIC や TOEFL などのテストの点数は非常に高いのに、英語でコミュニケーションが充分できない人も、見たことはあるのではないだろうか。

　このなぞを解くポイントとして、言語習得の臨界期仮説についてまず紹介したい。

　臨界期という概念は、もともとは動物行動学の「刷り込み現象」に端を発する。雁の雛が、生まれてから始めて目にする物体の後をついていく、という事例をテレビや本で見聞きしたことがあるだろう。こ

の刷り込み現象は、生後数十時間という、限られた時間にしか起こらない。このタイミングを臨界期と呼ぶ。

　同様に、言語習得にも臨界期があるとする仮説がある。幼少期のある一定期間を超えると、ネイティブスピーカー並に外国語を習得することが非常に困難になるという仮説である。確かに乳幼児期においては、どの子どもも、特段の努力をすることなく母語を獲得していくが、大人は外国語を聞き続けただけでは話せるようにならない。

　言語習得において臨界期がいつなのか、そもそも存在しているのかについて、研究者の見解が一致しているわけではないが、大まかには10歳-12歳ごろとする説が多い。また発音などの音声の習得は、開始時期が早いほうが有利と言われ、その臨界期は6歳ごろともいわれる（文法等その他は8-10歳ごろ）。

　臨界期終了後では、その獲得のために異なる学習方法が必要となると言われている。例えば臨界期を越えれば超えるほど年を取ったタイミングで英語を学んだ場合、正確な発音は舌の位置や口の開き方の指導がなければその習得は難しいし、正しく読み書きするには英文法を学ぶ必要が出る。一方で、幼児期から英語に日常的に触れていた場合、はじめから正しい発音での発話ができるし、英文法を学ばずとも自然に正しい使い方が身についていく。

　正しく発声ができる子どもは、親が英語で「アップル」といっても、幼少期の子どもは「アップルじゃないよ、アポー（apple）だよ」と訂正するだろう。また、英語の発音がしばらくの間日本語の発音に影響を与えることもある。例えば3歳児において、「はひふへほ」のは行がFに影響され「ごはん」を「ごふぁん」と呼ぶなどがある。しかしこれも、5歳くらいになると、日本語と英語の音の蓄積により自然と正しく発音するようになる。

　日本の義務教育を受けた今の大人の多くは、中学校になって初めて英語の授業に触れているケースが多い。臨界期を過ぎてからはじめて

いるのだから、特にリスニングとスピーキングにおける英語習得が難しいのはもっともともいえる。

外国語・外国人への心理的ハードルを下げる

臨界期仮説に加えてもう一つ、早期に英語をはじめることのプラス面として、「英語に対する心理的ハードルが幼児期には極めて低い」という点を指摘したい。

日本に限らず、様々な国で行われた調査では、小学校時代から外国語学習を始めた子どものほうが、それ以後に始めた人より外国語に対して好印象を持つ傾向があり、外国語学習への動機づけも高くなる傾向がある。

外国語習得に限らず、子どもに何か新しいことをさせようとした場合、4,5歳あたりから物事の好き嫌いが顕著になっていく。例えば1,2歳の子どもが英語環境のプリスクールに入り初日からしばらく泣いている場合、殆どの場合それは英語環境だからではない。多くは親から離れることが怖くて泣いているので、相手が日本人であろうと外国人であろうとあまり関係が無い。所謂慣らし保育をしていけば、英語環境でも自然に慣れて行き、自然な形で言葉を吸収していく。

一方で年中・年長から英語環境に入る子どもが泣く場合は、先生の言葉が分からない不安で泣くケースが多い（この年齢では、無論泣かない子どもも多い）。

他の習い事でも同様である。親とプールに乳幼児期から入っている子、風呂で乳児期から潜っている子は、4-5歳ごろに水泳教室に入ってもスムーズだが、水慣れしていない子は、まず潜ることから大変な勇気を要する。未知のものへの恐れを感じない乳幼児期から英語環境に触れさせることは、生涯を通じて英語が好きになる可能性を高め、その後の英語学習の動機づけに大きな影響を与える。

その意味では週に1度でも外国人の先生と会ったり、英語のCDを聞かせたりすることは、英語や外国人に対する心理的ハードルを下げるという点では効果がありそうだ。但し大人が週に1度の英会話で英語を習得することがないのと同様、英語が話せるようになることまでを週に1度の英会話やCDに期待するのは難しい。

水泳・ピアノ・お絵かきのような、将来の職業に直接関連するというよりも、子どもの幅を広げるための習い事であれば、嫌いなことを無理にさせる必要は無いかもしれない。しかし英語を「自ら人生の舵を取る」可能性を広げるための重要な技能という位置づけとして考えるならば、「好き」「嫌い」に関わらず、仕事で困らない程度は身につけて欲しいと願う親も多いのではないだろうか。

以上、臨界期仮説や、幼児期の外国語へのハードルを下げる効果を通じて、幼児学童期に英語を学ぶことの重要性を見てきた。

バイリンガル教育のメリット・デメリット

子どものときからバイリンガルにすることは、幼稚園から小学校以降までインターナショナルスクールに入れれば基本的には可能である。しかし大多数の人からすると、それは選択肢に無いと思う。本項ではより多くの親にとって現実的な、

> 「大人になった時点で、フルネイティブでないにしても、仕事や日常で英語に困らないバイリンガル」

になるために、幼児学童期からすべきことや考え方を紹介したい。なおバイリンガルと言うと、二言語を等しいレベルで流暢に使用するイメージを持つ方もいるかもしれないが、「母語以外の第二言語でコミュニケーションできる人」をバイリンガルと定義することが一般的であるので、以後その理解で進めたい。

まず取らぬ狸の皮算用だが、バイリンガル教育のストラテジーに触れる前に、バイリンガルになることのメリットとデメリットを考えてみたい。これは、様々な研究によりある程度整理されている。

〈考えられるメリット〉
 1.異言語や異文化に対し、オープンマインドになる
 2.他人の気持ちを察する力に優れる
 3.思考の柔軟性、創造力に優れる

バイリンガルが子どもの知的発達にどのような影響を与えるかは、以前は2言語に触れることにより、知的な発達に悪影響を及ぼすという説もあったが、カナダにおいて、英仏バイリンガルの子どものほうがモノリンガルよりも知的に優れていたとの研究を皮切りに、バイリンガルのほうが知能が発達したという研究が増えている。しかしながらここでは控えめに、この点を除く上記3つをメリットとしてあげた。

〈考えられるデメリット〉
 1.セミリンガル・ダブルリミテッドになる可能性がある
 2.日本語と英語がちゃんぽん（コード・スイッチング）になる可能
   性がある

デメリット1は、母語も第二言語も能力が不足する状態を指す。幼児期の学校で100％第二言語環境におかれ、さらに家庭で母国語コミュニケーションが充分になされなかった場合、第二言語は徐々に伸びていくが、第一言語の発達が遅れ、いずれの言語も同年代の母国語話者と比較して遅れるという状況となる。

この状況は、最終的に第一言語が母語（例えば日本語）から英語に替わることを元々受け入れているのであれば、過渡期のものとして特

段問題は生じない。一方で長期にわたりいずれも中途半端な状況が生じた場合は、言語は思考力を形作る根幹だから思考力の低下や、根無し草的心情の誘発など、悪影響が生じうる。第一言語は人が深い思考をするときに選択する重要な言語である。最終的に第一言語が英語になるのであれ、日本語であれ、まずは基盤となる言語が損なわれないことが知的発達上大事であり、第二言語習得にも好影響を与える。

　なお「早期に英語を学ぶと日本語習得に悪影響を及ぼさないか？」とは、しばしば聞かれる質問だが、日本に住み日本の学校に通う大多数の子どもにとっては、仮に家庭でかなり英語学習をさせていたとしても、心配不要であろう。英語日本語が半々のバイリンガルスクールにおいてでさえ、保護者が共に日本人であり、家庭において日本語の接触が豊富にある限り、日本語力が落ちるという状況は生じない。

　デメリット２は、英語と日本語が会話の中で混ぜこぜになるケースである。これは、インターナショナルスクールだけでなく、英語日本語半々のバイリンガルスクールでも起きるし、「かなり」英語教育をしている家庭であれば、幼児期にはよく見られる。また大人であっても、帰国子女同士が日本語と英語を混ぜながら、あるときは日本語で、そしてあるときから急に英語でお互いに会話する場を見たことがある人も多いだろう。

　例えば、インターナショナルスクールに通っている幼児が地球儀をさして「Japan ってどこにある？」と聞くケースがある。このケースでは、スクールでは世界地図等を通じて日本について "Japan" と紹介している一方、家庭で "日本" という言葉と意味を特段教えていないので、子どもは単純に地図で日本の形を見たときに日本語で対応する言葉を知らないだけである。

　またある物体について、日本語での会話内よりも英語（スクール）での会話で頻出する単語であった場合は、英語または英語の発音で呼ぶことがある（キウイを見た子どもが、日本語の「キ・ウ・イ」では

なく「キーウィー」と発音するなど）。

　このような英語日本語ごちゃ混ぜの状態は、知的発達にマイナスの影響となる可能性を連想させるかもしれない。確かに以前は「コードスイッチング（code-switching）」として言語習得において否定的に捕らえられていたことがある。しかし近年は、「トランスランゲジング（translanguaging）」という言葉により、ネガティブなものとして矯正するものではなく、二言語発達過程において生じうる肯定的な状況として捉える考えが広がっている。

　この考えでは、例えばJapan という言葉が出たときに、「Japan じゃなくて日本でしょ」と矯正しないことが大切とされる。母語であれ第二言語であれ、一つ一つ矯正していくと、子どもはコミュニケーションや表現が楽しくなくなり、マイナスの影響を与えることとなる。返事として「日本はここだよね」と親が意図的に日本という言葉を使用していくことで、子どもは日本語のときは Japan ではなく、日本だと認識し、自然と直っていくことになる。

　以上バイリンガル教育のメリットとデメリットを見てきたが、デメリットはインターナショナルスクールに通うレベルで無い限り、多くの人にとっては心配なく、デメリットよりもメリットがはるかに大きいといえそうだ。

2.2. 幼児学童期の英語教育ストラテジー

英語環境に「浸す」──イマージョン

　日本ではモノリンガルが当然の雰囲気があるが、実はヨーロッパの多くの地域や、アジアでもシンガポールやフィリピンなど、バイリン

ガルが浸透している国や地域は多い。筆者は2年間、カナダのモント
リオールという、誰もが英仏バイリンガルである都市で過ごしたこと
がある。ここではメニュー、標識から公的文書まで、全てバイリンガ
ルとなっており、店員であろうとタクシーであろうと、出会うほぼ全
ての人がバイリンガルの都市である。

　なぜほぼ全ての人がバイリンガルになるのか。その秘密はこのモン
トリオールで1960年代に行われた「イマージョン」という教育実験
にある。

　現在もケベック州はしばしばカナダからの独立運動が盛んになる
ニュースが出るのでご存知の方も多いと思うが、同州はフランス語圏
であり、モントリオールの英語圏エリアを除くと、基本的にフランス
語が第一言語である。ケベック州に住む英系カナダ人にとっては、フ
ランス語は将来生きていく上で必須言語ではあるものの、毎日数十分
程度のフランス語授業ではフランス語が充分身につかない。イマージョ
ン教育は、どうやって子どもに効果的にフランス語を身につけさせる
のか、という英系の保護者たちのニーズに基づき開始された。そして
これが大いに成果をあげ、カナダのみならず、（日本でなぜ広まらない
のかが特異に思えるほど）世界中にこの形態が広がっている。

　イマージョン（=immersion）は日本語で直訳すると「浸すこと」だが、
イマージョン教育とは、一言で言うと学校で教える教科内容を第二言
語で教授し、その言語環境に生徒を浸し続ける、ということである。
イマージョン教育は、既に半世紀が経過し、様々な課題は見えたもの
のその評価は一貫して肯定的であり、特に第二言語の習得のみならず、
学力そのものや、多面的なものの見方ができるようになるという点で
も、肯定的に捉えられている。

　イマージョンには、第二言語学習のスタート時期（幼児期・小学校
低学年・高学年など）、第二言語に浸すパーセンテージによっていくつ
かの分類があるが、学校では「アーリー・トータルイマージョン」と、

「アーリー・パーシャルイマージョン」と呼ばれる形態が多く採用されている。前者では幼児・小学校時期から100％第二言語で授業がなされ、その後第二言語割合は徐々に減少、中学校では50％程度となる。後者では幼児・小学校時期から第二言語での授業が概ね半分の割合で実施される。そして教師は、フランス語が第二言語である子どもたちが過半の中で、子どもたちがネイティブレベルではないことという理解のもと、授業を運営する。

このようなカナダの成功経験から広がったイマージョン教育は世界中に広まり、今日バイリンガル教育を標榜する学校の多くはイマージョン方式を採用している。

イマージョン教育の成果を家庭や学校での英語学習に応用する場合、まず1つ目のポイントは「外国語環境に長い間浸し続ける」ということである。身も蓋もない話だが、英語に触れる時間の長さが英語習得に大きな影響を与える、ということは研究によっても重要と指摘されている。つまり子どもをバイリンガルに育てようとする場合、週1回の英語、1日15分のCDや読み聞かせ、という時間数ではとても足りない（但し先に述べたとおり、将来英語に対するハードルが低くなるという点では、これらは意味があろう）。

一般的には英語圏居住の場合でも、子どもが日常会話を話すようになるのは1ヶ月、3ヶ月のレベルではなく半年から1年程度はかかる。幼児学童期に日常会話が苦でないレベルを目指し、大人になった時点でバイリンガルとなる基礎を築くとするならば、目安となる言語修得時間として2000時間程度は必要だろう。1週間に10時間英語に触れさせるとすれば、年間約500時間で4年間という算段になる。

その上で、幼児学童期の英語経験を踏まえ中学か、高校か、大学か、いずれの段階で、留学などにより「生活の中で集中して英語のみを浴び続ける経験」を与えることで、大人になったときに「日本でも海外でも自ら人生の舵を取れる」バイリンガルを目指すのが現実的だろう。

幼児学童期の英語学習は、競争倍率がある中で、高校や大学等で海外留学のチャンスをものにする可能性を広げる第一ステップでもある。

英語をおしえない

幼児学童期において大切なのは、その言語「を」勉強するのではなく、その言語「で」勉強することである。

大人の英会話教室で行われているように、AさんとBさんの会話ロールプレイやリピートアフターミーのような、強制的にアウトプットをさせるアウトプット中心の授業は、大人である子供であれ、自発的な発話でないので大きな効果は出ない。さらに、事前の十分なインプットの機会がないままこのようなアウトプットをさせた場合、応用力がつかない。

大人であれば大人しくロールプレイやリピートに付き合うが、子供の場合は、その強制的なアウトプットがつまらないものであった場合、英語を話すことに抵抗感を持ち始め、嫌いになる可能性もある。

動機付けも努力もまだ早い幼児期に、好奇心に火をつけることで学びに向かわせることは、英語学習に限らず重要なストラテジーである。例えばアルファベット、色、形の名前をフラッシュカードで繰り返していても、興味が無ければ忘れる（一方で色や形に特別の興味を持つ子どもはおり、そういった子どもはすぐに覚えるのだが）。

また英語を教えることに熱心になる余り、書きたくもないアルファベットを延々と書かせたり、間違いを神経質に訂正することは、こどもの英語に対するモチベーションを下げることに繋がる（アルファベットに興味を持った子どもはその限りではない）。とくに幼児期は、努力や動機付けを教えることがまだ難しい年代である。子どもは、訓練のにおいのするもの、一度「いやだ」と思ったものは、やりたがらない。川やプールで溺れそうになった子はそのことを忘れないし、水が嫌い

になるのと同じである。

英語という新しい言語への不安を下げ、スムーズに導入するうえでは、子どもは毎日行われるルーティンには安心を感じるので、好きな分野の絵本や歌を繰り返し聞く毎日の時間帯を決め、慣れさせていく。また子どもの言語の間違いを頻繁に注意したり、否定的な言葉を使用したりすることは、子どもを不安にし英語嫌いにするので避ける。さらに、子どもは年齢ごとに好奇心のありかが異なるので、子どもの好奇心と知的レベルに合わせた英語環境の選択（絵本・DVD・授業の題材など）が大事である。

英語教室に通うのであれば、子どもの好奇心を誘発するアクティビティがあるか、最初は英語が分からなくても具体物やビジュアルをうまく使うなどにより子どもの理解を助ける仕掛けがあるか、といった点が教室選択のポイントになるだろう。アクティビティが生き物についてであれば、フラッシュカードで記憶させるよりも、大きな公園で生き物を発見する遊びを通じて好奇心を誘発し、たまたま英語を使っている、といったことが結果的には英語力の向上に繋る。

大量のインプット時間

ここまで、イマージョンという考え方を通じて学習時間の長さの重要性に触れ、さらに幼児学童期の子どもには英語「を」学ぶのではなく英語「で」好奇心のあることを学ぶことが効果的と指摘した。では次に、どのような英語のインプットをすべきかについて、幾つかポイントを挙げてみたい。

本書の版元であるビジネス・ブレークスルーは主としてeラーニングを通じて教育を行う会社で、映像教育については研究をしているが、結論として幼児と映像教育は、あまり相性がよくない。有名な事例として、2009年に米国大手映像制作会社が同社の乳幼児向け知育DVDについて、当初謳っていたような教育的効果はないとして返金に応じ

た事例がある。当時この商品は、米国の乳児向け教育DVDシェアを独占した人気DVDであった。また他の乳児とメディア教育をめぐる研究でも、いわゆる知育DVDを乳児期に見せても語彙学習効果がなく、親が話しかけることや、読み聞かせが効果的であるとされている。

　そもそもCDやDVDは、流れてくる音を覚えることを期待したとしても、一方通行なので双方向コミュニケーション教育には不十分なのだが、さらに米国小児科学会では、スクリーンタイム（TV、PC、スマートフォンなどを見る時間）について以下のようにガイドラインを示している。

・1歳半までは原則禁止
・1歳半〜2歳未満も原則避ける
・2歳〜5歳は1時間以内
・6歳以上も健康や睡眠の妨げにならないよう慎重に運用

背景としては以下がある。

・2歳以下の乳児期のスクリーンタイムは、この時期の成育に不可欠の親子コミュニケーションを希薄にするだけなく、実体験の無い視聴は脳に悪影響がある
・幼児期においても、過度のスクリーンタイムは言葉の遅れやソーシャルスキル不足をもたらす
・そもそも乳幼児期は、画面で起きていることと現実世界の区別が充分にできていない。子どもに意図して見せているわけではなく大人が視聴している場合でも、その画面の絵や音で子どもが混乱する原因となりえる

　親自身がメディア依存でないこと、子どもの前ではスクリーンから離れて子どもとコミュニケーションをとること、子どもが大きくなっ

た時点では、親がメディアリテラシーを子どもに教えることが大事といえる。アップルのスティーブ・ジョブズは、子どもたちに iPhone や iPad といったデジタル機器の使用を厳しく制限していた。マイクロソフトのビル・ゲイツも、子どもが 14 歳になるまでモバイルフォンを持たせなかったと述べている。両者とも、スクリーンタイムによりソーシャルスキルや創造性を失わせるリスク、家族との対話や健康な生活が保てなくなるリスクを考えていたようだ。テクノロジーの中心にいたからこそ、スクリーンタイムが子どもの発達にもたらす影響をよく理解していたのだろう。

　以上を踏まえると、幼児期に大量の英語インプットを与えるベストな方法は何かと問われれば、これも身も蓋もないが、最もよいのは生身の外国人によるインプット、ということになりそうだが、大量のインプットを外国人により行うことはそう簡単な手段ではないので、現実的な策としては、以下のようなものになるだろう。

-2 歳児未満は、絵本、CD や、CD つき絵本（親が読めれば親が読み聞かせ）
-2 歳児以降の幼児期は、絵本、CD、CD つき絵本に加え、時間を制限した、良質の英語メディア

　良質な英語メディアとは、まず俗悪な内容でないことは当然として、先に述べたとおり、その時々の発達段階の興味や好奇心にあったもの、発話が多いもの、楽しめるもの、歌やリズムがあるもの、といったところだろう。決して高額な教材は必要なく、Youtube などでも数多く見つけることができる。たとえばいくつか例を挙げると、10 分程度で英語は平易、動く絵本を見るような「Oswald the Octopus」、5 分程度でほぼあらゆる話題のお話があるイギリスの「Peppa Pig」、科学好きの子どもであれば「Sid the Science Kid」や「Magic School Bus」、幼児

と映像教育の関係を研究し尽くして作られてきた「Sesami Street」、英語の歌が多い「Super Simple Songs」、自然への興味を促す「National Geographic Kids」などがある。

英語の絵本も様々あるが、日本版でも有名な Eric Carle や Leo Lionni の英語絵本、Dr.Seuss、Richard Scarry といった古典、犬がいる家庭なら男の子向けに Clifford the Big Red Dog、女の子むけに Biscuit のシリーズあたりが取掛かりとしてはよいだろう。

質の高いインプットのために

その他、幾つか質の高いインプットのためのポイントを紹介したい。

・繰り返しの効用

インプット用の絵本を買い始め、読み聞かせを始めると、結果として大量に絵本を買わなければならず、かなり費用が嵩んでいくのではと考えるかもしれない。しかしその心配はあまりいらない。なぜなら一度聞いた話を繰り返し聞きたがらない大人と異なり、不思議なことに子どもは何度も同じお話を聞きたがるからだ。下手をすると読み終わった瞬間、もう一度読んで欲しがることさえある。興味を持った英語の絵本を何度も読むことは英語教育上も効果が高い。

・リズムを通じて学ぶ

Dr.Seuss に代表されるいくつかの絵本は、意図的に音韻をそろえており、聞いていてリズム感のある楽しい文章で構成されている。また、英語の伝統的な歌は、上記無料の Youtube でも容易に見ることができるが、リズムに合わせた英語は、子どもも無理に覚えることなく、自然にインプットされていく。そこに暗記や訓練の匂いが無いので、脳が拒否しないのである。

・フォニックス

フォニックスとは英語のつづりと発音のルールを示したもので、英語を正しく読み、話すための必須スキルといえる。

日本語と英語では、いくつか大きな違いがあるが、そのうちの１つに、日本語は「一音一文字」、つまり一つの音について一つだけの文字が対応しているということがある。「たぬき」という３文字を発話すると「た」「ぬ」「き」の３音でなっていることが分かる。一方で英語は26のアルファベット文字があるが、音の種類は26ではない。aはアと発音することもあれば、エイと発音することもある。日本語と同じように一文字ごとに音を当てはめるやり方では、正しい音で発話できないのである。これは英語圏の子どもにとっても同じで、フォニックスは正しく読むために必要な知識として英語圏の子どもたちの間でも学ばれている。

・英語環境下での指導

自然に任せておくと子供は楽な方の言葉だけを使いたがる。従って、周囲の大人が徹底して使い分けを習慣化、または英語環境の継続を行わなければ、子供は一つの言葉で済まそうとする。さらに、英語で話している中で、分からない場合に日本語訳を言い添えてしまうと、日本語のみを拾おうとするため、英語を聞こうとする姿勢がなくなってしまう。また、年齢が上がるにつれ、適度に難しいタスク、適切なサポート、フィードバックなどが子供の自信を高めることにつながる。

最後に、「日本にいながらバイリンガルに最も早く近づくにはどうすれば良いでしょうか」という質問があるとすると、我々インターナショナルスクールを運営している者が言うと宣伝のようになってしまうが、やはり答えは「インターナショナルスクールに行くこと」となるだろう。イマージョンされた時間数に勝るものはない。

一方で、「自ら人生の舵を取る」うえで、当然のことながら英語は必要なスキルのひとつに過ぎず、全てではない。また冒頭挙げた通り、日本の義務教育は国際比較で見ても高いレベルにあるといえるし、日本国内にも良い学校は数多ある。

日本人としてのアイデンティティ確立と、日本語を第一言語としてしっかり身につけさせることなど、英語習得以上に大事と考える要素がある場合は、一般的にはインターナショナルスクールは必ずしも最適解ではないことは記しておきたい（我々アオバジャパン・インターナショナルスクールは、本邦のインターの中でもかなり日本語教育に力を入れているほうだが）。ご存知の通り日本語はひらがな、カタカナ、漢字を扱う、学習事項が多い言語で、インターナショナルスクールにいくならば、家庭または学校で相当程度日本語のフォローを別途する必要がある。子どもにとっては、インターナショナルスクールにいる限り、日本語の、特に読み書きを使用するインセンティブはあまりない。

ここまでをまとめると、多くの読者の方向性は、日本人としてのアイデンティティ確立や日本語の修得を英語以上に第一に考えているだろうから、大人の時点でバイリンガルとなる道筋をつけさせたいと考えるのであれば、「臨界期よりも前に、英語にそれなりの大量の時間、触れさせる」「好奇心と発達段階を勘案した、質のよい英語環境を与える」という、「タイミング」「量」「質」の3点が、大切なポイントとなる。

3. 国際バカロレアが育む「考える力」

3.1. 探究型学習

　「自ら人生の舵を取る」大人になる基礎として、幼児学童期に身につけさせたいもう一つの力が、自分の頭で「考える力」である。本項では、考える力を育む上で有効なプログラムである国際バカロレア（International Baccalaureate、以下 "IB"）のフレームワークについて紹介したい。

　すでに前著で国際バカロレア（IB）の概要については述べているので、PYP（幼児・小学生向け）、MYP（中学生レベル）、DP（高校レベル）の 3 つの IB プログラムのうち、ここでは、幼児・小学生向けの PYP（プライマリー・イヤーズ・プログラム）を中心に紹介する。現在日本では文部科学省も、以下のように国際バカロレアについて積極的に推進し、2013 年より、国際バカロレア認定校を 200 校に増加させるという目標を掲げている。

　　社会の多様な場面で進むグローバル化に対応するためには、英語が話せるだけでは十分ではありません。あわせて、リーダーシップ能力、企画構想力、人間的な感性を兼ね備えた人材を育てる必要があります。国際バカロレア（IB）は、世界各国の学校で導入されている国際的な教育プログラムとして、このような素養・能力を育成する上で非常に優れたプログラムです。国際バカロレアが重視する、自分の力で考え、発信する力、さらには異文化理解の前提として、自国の文化への理解を深め、アイデンティティを

確立することなどは、グローバル人材に求められる素養・能力そのものといえます。（文部科学省大臣官房国際課「国際バカロレア認定のための手引き」より引用）

科目別時間割がほとんどない時間割

PYP導入校の週間時間割をはじめて見る人の多くは、国語・算数・理科・社会といった、日本人がなれ親しんだ科目別の時間が殆どないことに驚く。代わりに、探究の時間という、教科横断型のテーマ学習の時間が時間割の中心となる。これはIBが知識を分野別に覚え積上げる教育ではなく、現実世界で普遍的に応用可能な考え方を身につける教育を重視しているためである。

PYPでは、従来型の科目別の体系を決して軽視しているわけではない。「言語」「算数」「社会」「理科」「芸術」「体育」については、「学習範囲と順序（Scope & Sequence）」という体系があり、学ぶべき事項の記述がされている。

また、言語・算数・芸術・体育は一部を探究の時間とは別に教科単独の時間を設けてよいことになっている。確かに算数は系統的な積み重ね学習が効果的な面があるし、体育を全て探究テーマに合わせて行うことは現実的には難しい。但し、理科・社会は探究の枠組みのみで教えることや、数学、言語、社会、理科は科目担当の先生をおかずにクラス担任の責任で探究の時間に指導することなど、なるべく包括的なテーマ学習で授業を進めることが強く求められている。

この仕組みにより必然的に、科目別の枠組みで習慣的に教えてきた各教科に特化した内容を「覚える」時間は減り、現実に即した総合テーマの中でものを「考える」時間が増える。

生徒は年に4つから6つのテーマを探究する。したがって一つのテーマを実施する期間は6週間から9週間と、比較的長い。6つのテーマ

群は、IBにより以下が規定されている。

教科横断型テーマ	学習内容
①私たちは誰なのか（Who we are）：	自分自身の価値観、家族やコミュニティとの人間関係と責任
②私たちはどのような場所と時間にいるのか（Where we are in place and time）：	社会的な内容が含まれる
③私たちはどのように自分を表現するのか（How we express ourselves）：	自己表現や創造性の発展
④世界はどのような仕組みになっているのか（How the world works）：	自然界・科学の法則等。理科的な内容が含まれる
⑤私たちは自分たちをどう組織しているのか（How we organize ourselves）：	組織、社会、経済活動の仕組み
⑥地球を共有するということ（Sharing the planet）：	地球資源について、ほかの生物とのかかわり

　IBでは上記1つ1つの探究を「**探究の単元**」（UOI：unit of inquiry）と呼ぶ。上記①～⑥までの枠組みはIBにより規定されているが、各学校は、各UOIにおいて具体的な探究内容を記述した**セントラルアイデア**（central idea）を独自で設定できる自由度があり、学校側の創意工夫の余地を残している。

　ところでなぜこの6テーマが選ばれているのか。例えば「言語」は上記①～⑥いずれでも組み入れが可能で、②や⑤は科目別で言えば「社会」、④や⑥は「理科」が近いように見える。「算数」は全てテーマ別でカバーすることは無理があると判断すれば、既述の通り一部を算数単独の時間で補強することが可能だ。こうして結果的には、「言語」「算数」「社会」「理科」さらに「芸術」「体育」も含め、バランスよくカバーされる意味で6つが選ばれているように見える。

大前研一通信・特別保存版Part.11　129

別の視点からは、まず、自分自身について知ることから始まり（①）、その自分をどう他者に伝えるのか（③）という、自分と他者の理解から始まり、そのうえで自分をとりまく社会について（⑤）とその地理的・歴史的視点（②）、自分をとりまく自然と科学を理解し（④）地球視点でものを考える（⑥）、といった設計意図を見ることができる。こうして様々な視点に触れさせながら、最後は地球市民として物事を考えられるように、6つのテーマが選定されているといえそうだ。

> 教育者の責任はもはや、優れた数学者、優れた生物学者、優れた歴史学者を生み出すことではない。学校の使命は、若者たち――明日の意思決定を担う者たち――が、急速に変化し新たな世界秩序が広がる複雑で多文化的な社会に生きるための準備をすることである。（ルノー）

これはIBのガイドブック「一貫した国際教育に向けて」の冒頭からの引用だが、IBの教科横断型の学習の指針を簡潔に示しているともいえる。

探究のサイクル

教科横断型のテーマの下で、クラスにおいては探究（inquiry）→行動（action）→振り返り（reflection）のサイクルがまわされる。ここで各フェーズを簡単に見てみたい。

「探究」
生徒自身の好奇心を引き出し、関連性があり、チャレンジしてみたいと感じる学習を、深堀りさせていく。ここでの先生の役割は以下のようなものである。

・生徒が「面白そう」、「知ってみたい」と最初に感じるよう、生徒

がすでに理解している事柄を踏まえて探究をスタートする

・その中で、新しい学習内容を能動的に「探究したい」と思えるような新しい情報や仕掛け、挑発的な問いを提示する

・生徒が、「話し合う」「質問する」「調べてみる」「情報を集めてみる」「既知の内容を応用してみる」など様々な形で探究を進めていく中、それをサポートする

　先生は（教えたほうが早いと思っていても）、なるべく答えを教えることを踏みとどまる。そして子どもが頭をグルグル回転させることを支援することに徹することで、子どもの自ら考える力を育む。

「行動」

　IBでは実社会での経験から学ぶことを重視していることから、探究で終わらず、行動（アクション）のフェーズがある。

・校外で体験してみる

・探究内容を踏まえて企画をたて、実行してみる

・探究内容に関連する施設に行ってみる

・先生やお友達、地域社会の人にインタビューしてみる

　ここで先生にとって大事なことは、全て計画しきらず、生徒たちに「どうしたい？」と問いかけながら、または流れを見ながら計画を変更する姿勢である。子どもたちの探究は、興味関心により当初想定外の方向に行くこともあるからだ。

　また、どこに行きたい？何を持っていく？何を知りたい？そのためにはどんなことをする？と生徒たちに尋ね、考えさせ、判断させながら行動を計画することで、子どもたちも受身ではなく自分ごととして自発的に行動するようになる。行動のプロセスでも様々な発見や問いを子どもたちは見つける。ここでも先生は、更なる自発的行動につな

がる問いで好奇心を刺激する。「どのような生徒の自発的行動が学習から生まれたか」は、探究型学習がうまく進んだかを判断する重要な振り返り材料となる。

このような子どもとの接し方は家庭でも類似のことができるが、知識のインプットが目的であるならば、非効率的なプロセスだと気づくだろう。しかしこのプロセスこそが自分の頭で考え能動的に動く、すなわち「自ら人生の舵を取る」人を作る源になる。

行動の最後には、行動を通じて学んだことをまとめ、発表することが多い。典型的には、作品を前にして説明する、絵を書いたり、ポスターにしたりする、または家族についてであれば家族パペットを作って話す、さらには歌や演劇を通じて発表するなど、様々な表現方法がある。5歳前後からはグループ活動ができるようになるので、グループ単位で行うことが増え、何をどのように発表するかも、話し合う。

なお発表は、保護者にクラス参観やコンサートという形で見せることもある。しかし保護者によく見えるように、という視点を意識してしまうと、その発表は訓練になり、子どもたちの能動的な活動の結果、という本来の姿から離れてしまうので注意を要する。

「振り返り」

振り返りは、日記が意味を持つのと同様、やってみたことをやりっぱなしにせず、より深い理解につなげるための大切なプロセスといえる。単元の最後でも行うだけでなく、日々の終わりなど、常時でも行われる。また自分や他人の学習成果物をどう評価すべきかも学んでいく。

なおここでは詳細に触れないが、IBはコラボレーション能力・コミュニケーション能力の涵養を大変重視している。3歳児から始まるPYPでも年齢が上がるほど探究サイクルのあらゆる場面でグループ単位の協調学習が行われる点が、他のプロジェクト学習型の教育とIBが異な

る点である。

「概念」を学習する

IBがいかに「考える力」を育もうとしているかを理解するうえで参考になる、PYPの「概念学習（Concept-based Learning）」の考え方を紹介したい。

IBでは生徒が身につけるべき「重要概念（Key Concepts、以下 "キーコンセプト"）」として、「特徴」「機能」「原因」「変化」「関連」「視点」「責任」「振り返り」の8つを規定している。これらは、生徒がある課題や事象に出会った際に、どのように考えるかを助ける、普遍的なフレームワークとして選定されている。

探究テーマを設定した後の先生の次の仕事は、生徒が好奇心を膨らませ、探究目標にたどり着く問いを予め立てること、その問いに答える活動を計画することだが、この8つの概念は、先生が子どもたちの好奇心を誘発したり、探究を促したりするための「重要な問い」を作る有効な道具となる。

概念をベースに問いを作るというと難しそうだが、そんなことはない。8つの概念を、考えるための「問いのネタ」として考えるとこのようなものになるが、家庭でも親子の対話に使えるツールになっているのではないだろうか。

● 自ら人生の舵を取れ！

概念	問いのネタ
特徴	どんなものかな？なにが見えるかな？〜と似てるかな、違うかな？
機能	どうやって動くのかな？どんな役目があるのかな？
原因	なんでそうなるのかな？〜になったね。なにがあったのかな？
変化	どう変わっていくのかな。
関連	〜とどうつながっているかな。〜（行動・現象）は〜にどんな影響を与えるかな。
視点	〜みたらどう見えるかな？〜な考えはどう思う？〜だったらどう感じるかな？
責任	〜はなにをすべきかな？〜はどうするといいかな？
振り返り	どうしたらわかるかな？〜はどうだったんだろう？

　先生はこれらの問いを有効にたてていくことで、子どもたちの好奇心を喚起し、探究活動へ誘っていく。そして問いに答えるこどもたちに、さらに問いやヒントで答えていき、創造力や考える力を育む。なお一つのテーマで全ての概念を網羅するというわけではなく、主に2-3個のキーコンセプトを重視して授業を設計する（年間で全てのキーコンセプトをカバー）。

　この問いをたてるうえでいくつかポイントがある。

• Yes/No を答えさせるクローズドエンドではなく、考える幅を持たせるオープンエンド型の問い
• 既知の知識や考えを踏まえつつ、さらなる好奇心や探究心を引き出し、新しい学びにつながるもの

　上記で見た問いのリストは、記憶量を測る問いではないから、これ

らの問いの先にある行動や評価（アセスメント）がペーパーベースで
なされることは少ない。むしろ、具体的な物や人にアプローチしたり、
時には教室の外で観察したりする行動が必然的について回ることにな
る。例えば動植物をテーマの材料に設定した場合、以下のような問い
が考えられる。

- ある動植物の「特徴」を理解し、「機能」を考えさせる問い
- 成長によりどのように「変化」するかを考えさせる問い
- ある機能はなぜあるのかの「原因」を考えさせる問い
- ある現象は他の現象にどうつながっていくかの「関連」を考えさせ
  る問い
- 人の生活を自然や動物といった別の立場・「視点」から見るとどう
  かを考えさせる問い
- そこから生じる私たちの「責任」はどのようなものかを考えさせる
  問い
-「振り返る」と、なにがわかって、なにが分かっていないのかを考
  えさせる問い

　このような、概念に基づく問い→探究の繰り返しにより、本質的な「考
える力」を身につけていく。

　ここで、図1を見ながらPYPの概念学習を他の学習と比較してみた
い。いわゆる暗記学習は、下の階層の習得であり、世の中にある事実
を頭に詰め込ませる。その上の層に「トピック」が位置する。例えば
「植物について調べてみよう！」という層である。このトピックにお
ける体験学習では、植物を育ててみて、その結果を発表することがゴー
ルとなる。
　PYPの概念学習は、事象の理解にとどまらず、さらにその上の概念
レベルまで理解し、他への転移応用ができることを狙うことを目的と

している。例えば図1の例にあるような動植物について学ぶ場合、草食・肉食といった個別の特徴、生命のライフサイクルといったトピックを理解するにとどまらず、下記のCentral Ideaに記述されていることまで理解することを狙っている。

図1　概念学習の構造図

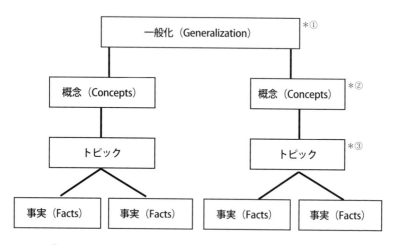

＊① Central Idea：植物や動物は、育つため、健康でいるために、それぞれ特有のものを必要とする
＊② Key Concepts：特徴、原因、責任
＊③ Topics：動植物の生存環境、動植物が育つ条件、人の役割

　一見難しいように聞こえるが、この動植物のテーマは、我々アオバにおいては幼稚園年少レベルで取り上げるテーマである。子どもたちは動物園に行ったり、植物を育ててみたり、図鑑を見たり、様々な活動を行うが、この過程を経て、動物園で生きた豚を見て「ベーコンになるんだね」としみじみと呟いたりする。年少時でも、生物は別の生物を食べることによって生かされることをしっかりと理解していく。

なぜ概念・一般化レベルまでをゴールとするかというと、最終的には現実世界の課題を解決する「考える力」を授けたいためである。物知り博士になってほしいのではなく、考える人、考えた自分の意見を言える人になる、そのために応用のきく普遍的な考える力をもたせたい、というのがIBの教育なのである。

3.2. まとめ

ここまで国際バカロレアのPYPの特徴について紹介してきた。「自ら人生の舵を取る」人材になるための、子育てに応用できそうな気づきを多少でも見つけていただけたなら幸いである。

日本の幼児教育・小学校での教育は、特に都心部においては先生：生徒比率が1:30前後程度と高い場合が多く、また過去の伝統から、先生が一方通行で教授する一斉保育・教育方式となりがちである。そして放課後も、習い事をすることが一般的になっている。すると、朝から晩まで、子どもが自ら意思決定をしたり、好奇心に基づいて能動的に動いたりする機会に恵まれず、受身で与えられたことをこなし続ける生活に子どもが慣れてしまう状況がおきうる。「自ら人生の舵を取る」ためには、こういった受身の活動からは育まれにくい、「自分の頭で考え、選択し、実行したことに責任を持つ」活動や環境を幼少期から与える必要があると思う。

また、国際バカロレアの先生の役割は、ティーチャーと言うよりもコーチであるということもご理解いただけたと思う。ティーチングが強すぎると、知識は入れることができるが、考える力と能動的な態度の育成面が弱くなる。一方で、放任したままでは子どもたち自身で活動に学びの意味づけが弱くなる。考えを深める問いを立てて、子ども自ら考えさせる力が国際バカロレア教師の腕の見せ所だが、これは親の子育てにも当てはまりそうだ。子どもの好奇心と探究を引き出し、

コーチに徹するプロセスは、さっさと答えを伝えるティーチングのプロセスと比べ、面倒であり、寄り道とも感じられ、「教えたほうが早い」気になることもある。それでも子どもの自主性を重んじ、コーチとして支援する、そんな大人（親）の姿勢も、子どもが将来自ら人生の舵を取れるようになるかを左右するだろう。

本章の冒頭で、日本の若者は幸福度においてほぼ最下位グループにあるというデータを紹介した。幸福度が高いことと、「自ら人生の舵を取る」ことは相関があり、鶏と卵の関係にあるのではないだろうか。本章のしめくくりとして、世界幸福度報告（英語：World Happiness Report）における世界第1位の常連であるデンマークについて簡単に触れたい。

デンマークはこの調査で2013年、2014年、そして2016年にも1位となっている。充実した社会保障や女性にとっての働きやすい環境がしばしば要因として言われるが、教育が大きな要因となっている。その教育システムは多くの点で国際バカロレアの教育と類似点があるが、以下のような特長がある。

- 人との比較ではなく自らの成長を重んじるため、人との比較対象となるようなテストを極力しない
- 生徒は常に自ら選択することを求められ、その選択は大人から尊重される
- 記憶ベースの教育を重視しない。とにかく考え、議論し、自分で答えを出させる教育

筆者もデンマークとスウェーデンで調査を行ったが、出会った多くの人が、自ら職業を能動的に選択し、充実感を得ている点に感銘を受けた。嫌々働いていないので、プロフェッショナリズムも高い。例え

ば基本的に残業は全くせず、夕方になれば自宅に帰り家族との時間を大切にすることは徹底しているのだが、急ぎのメールには夜でも返信が来る。

明らかに彼らは日本人よりも自ら人生の舵を取って生きている。彼らの教育システム・価値観については、また別途報告することとしたい。

第3章：多様なリーダーシップ教育

◉ *自ら人生の舵を取れ！*

1．プログラミング教育におけるリーダーシップ

稼ぐ力となる「プログラミング教育」

2020年度から小学校で実施を予定しているコンピューターのプログラミング教育必修化を、米マイクロソフトが支援する。同社が実施している英国でのカリキュラム作成などを生かすほか、日本マイクロソフトの社員を全国に派遣してプログラミング教育の方法を教員に指導するという。

評価額10億ドル以上のユニコーン企業（非上場のベンチャー企業）の創業者や共同設立者の経歴を調べてみると、皆、プログラミングを幼少のころに始めている。

アップル創業者のスティーブ・ジョブズとスティーブ・ウォズニアック、マイクロソフトのビル・ゲイツ、グーグルのセルゲイ・ブリン、ツイッターのジャック・ドーシー、スペースXのイーロン・マスク、スナップチャットのエヴァン・シュピーゲル、そしてフェイスブックを立ち上げたマーク・ザッカーバーグなどなどは、遅くともプログラミングを15歳までに始めている。

この人たちがすごいのは、自分たちが考えているシステムをプログラムで組めることだ。プログラムを言語以上に駆使している。

画家が自分のイメージをキャンバスに描いたり、音楽家が楽器を使って作曲するのと同じように、起業家はプログラミングで自分の考えたシステムを実現していく。絵や音楽と同じなのだ。私もかつて原子炉の設計をやっていたので、このことはよくわかる。言葉を使って説明

142　第3章：多様なリーダーシップ教育

するという領域にプログラミングを位置づけることは、非常に重要だと思う。　例えば、汎用（はんよう）のプログラミング言語である「パイソン」を自分のものにできるようになると、年俸15万ドルぐらいは稼げるはずだ。アーキテクチャー（コンピューター・システムの基本設計や共通仕様、設計思想などの論理的構造）の領域をモノにすれば、さらに「稼ぐ力」は強化されるだろう。

　私は、プログラミングは英語に匹敵する“第3の言語”だと思う。これが21世紀の「稼ぐ力」となる。私はかねがねビジネスマンの「三種の神器」として、「英語」「財務」「ＩＴ」を挙げているが、ＩＴの一番の基本はプログラミングだ。

　そこで、わがＢＢＴ（ビジネス・ブレークスルー）が運営するアオバジャパンインターナショナルスクールでも、若いうちからプログラミング言語に接してもらおうと考えている。この秋からバイリンガルをさらに進め、英語とプログラミング言語のトライリンガルを実施しようと思っているのだ。この試みがうまくいけば、日本中の学校にも提供するつもりだ。

　マイクロソフトの支援だと、彼らの持つプログラムをどう使いこなすかということが中心になると思う。私たちは、そういうことにはとらわれず、自分の頭で思い描いたシステムをプログラミング言語を使って作り出す能力を育ててあげたい。

（夕刊フジ　2017/4/29 号　産経新聞社）

第四次産業革命時代のリーダーに求められるもの

（ビジネスブレークスルー取締役　p.school 責任者：伊藤泰史）

　今日、ICT（情報通信技術）の目まぐるしい進歩によって情報処理能力が著しく高くなり、今まで理論的にはこうなるはずだといった机上

の理論に閉じ込められていた夢物語がその殻を割り夢から覚め、実践の場に次々と飛び出してきている。IoT、ビッグデーター、AIなどがバズワードになってきた2010年代から第四次産業革命と言われている。18世紀半ばの第一次産業革命から約200〜250年の歳月を経て第四次産業革命に突入していることになるがその時代の状況を垣間見てみよう。

　18世紀半ば〜19世紀の第一次産業革命は当時の英国の主要産業の1つである綿工業の機械化の発明と蒸気機関の発明によって、あらゆる産業に波及し、産業革命（Industrial Revolution）をもたらした。1つの技術的発明が池に石を投げ入れたときの水面の波紋のように産業全般に波及したのである。それは、掻い摘んで言うと次のようなことが連鎖的に起きたのである。綿織物工業から始まった技術革新、蒸気機関の発明が複合的に合わさり手工業から工場制機械工業へと移っていった。その過程として綿織物工業においてジョン・ケイの飛び杼（flying shuttle）の発明、ハーグリーブスのジェニー紡績機の発明、リチャード・アークライトの水力紡績機の開発、サミュエル・クロンプトンのミュール紡績機の開発、エドモンド・カートライトの力織機の発明、イーライ・ホイットニーの綿繰り機の発明、リチャード・ロバーツによる完全自動化まで面々と発明と改良が続いた。このような産業機械の発明と発展は同時に、工作機械として中ぐり盤やねじ切り旋盤、ガラス産業のルブラン法、印刷機、ポルトランドセメント、ガス灯の発明など様々な産業に波及し、経済を活性化していった。

　一方、トマス・ニューコメンが考案し、ジェームズ・ワットが改良した蒸気機関は、製鉄技術に応用したり、動力源ともなり、ロベルト・フルトンが蒸気船を、スティヴンソンが蒸気機関車を開発し、紡績機などの機械化のみならず、エネルギー革命、交通革命をもたらした。

　このように綿織物工業から始まった技術革新、蒸気機関の発明が複合的に合わさり、手工業から工場制機械工業へと移っていった。

　蒸気機関という当時の世の中の価値観を変えるようなイノベーショ

ンに乗るか乗らないか、信じるか信じないかで大きな差があり、信じたものは機械化の波に乗り、自分の業界の発展に寄与してきたことは想像に難くない。また、当時のアントレプレナーの多くは発明家であり、新しい技術に群がる町の発明家は上記に記載したような歴史に名を残した人物の何十倍、何百倍といたことであろう。彼らは資金を工面しながら新しい時代の到来の息吹を肌で感じ、その扉を自ら開けようと明日の夢を見て研究・開発をしており、このような人で町は溢れかえり、活気があったことと思う。また、資本家たる経営者は功罪を別に置くとして、重商主義の真っ只の中、植民地政策も含め積極的にグローバルに発展していこうというマインドを持っていたものである。

　では、このような第一次産業革命の時代と第四次産業革命と言われている現在の状況を比べてみよう。

　第四次産業革命は現在進行中であるが、あらゆるモノがインターネットにつながり（IoT）、そこで蓄積される様々なデータ（Big data）を人工知能（Artificial Intelligence）などを使って解析し、新たな製品・サービスの開発につなげているというものが現状である。第一次産業革命で手工業から工場制機械工場へ、手足から機械へ変わっていったように、人間自ら考えるということが機械学習（Machine Learning）、深層学習（Deep Learning）といった所謂人工知能に置き換わりつつある。また、第1次産業革命の発明に当たるものは、機械学習あるいは、深層学習の1つ1つの最適解であり、また、そのアルゴリズムであり、特許である。この流れは、ICTの目まぐるしい進歩により、あらゆる産業に関わってくることが想定される。現代の発明家、つまり、AI周りのイノベーターは、プログラミングもできるAIスペシャリストである。そして、一つのアプリケーションは母国だけではなく、全世界がマーケットになってくる。

　一方で、コンピューターの歴史を紐解くと、今や経営と切り離せないコンピューターの進化の変遷は共に、経営や現場のリーダーシップに影響を与えている。

1970年代はメインフレームによるホスト集中処理が主流であったが、1980年代後半から1990年代にはパソコンの性能が上がり、パソコンが普及し出すと分散処理が主流となってきた。2000年になってクラウドが普及し出すと再び集中化が進んできた。この間、主役は業務処理を一手に引き受けるメインフレームメーカー、パソコンのOSというプラットフォームを制したベンチャー企業、そして、クラウド（Cloud）というサイバー空間上の雲を占領した新興企業と形を変えてきた。この大きなICTの進化の時代のうねりの中、この改革の中心に常に陣取っていたのは、その時々のサービスを実現するソフトウェアであり、その基礎となるのがプログラミングである。AIにおいても同様であり、世の中の最先端の深層学習で解を求めようとするとプログラミング能力が求められる。

今回の第四次産業革命が本物の産業革命であるとすると、その中核となるものは深層学習である。その深層学習にインプットするデータを収集し、ビッグデータとして蓄積するためには各種センサーが必要であり、そのセンサーにはチップが付いており、そこには必ずプログラムが存在する。これらがあらゆる産業に波及し、一斉に世界中に伝播するのである。

それ故、これからの時代のリーダーには母国語、英語、プログラミング言語のトリリンガルとなることが必須となってくるのである。そして、伝達手段の言語だけではなく、自分で考えた構想力が必要である。

今までは、産業革命を起こすイノベーター中心の話をしてきたが、この産業革命の流れを事業機会と捉えているこの時代に活躍が期待されるリーダーや起業家（アントレプレナー）の立場から考えてみる。

経済活動がボーダレスになり経済的国境がなくなって久しい中、個人がインターネットを介して世界中で繋がっている現在、皆で群れるのではなく、個人の力を世界に示すことができる時代になってきている。つまり、個人の能力次第で世の中の価値観を変えることができる時代なのである。一人ひとりが小さくても立ち上がることが求められ

ており、その中で世の中に影響力を発揮するにはどうしたらいいのか？

　それには構想力が必要である。欧米の前例がなくなった今、世界の最先端の革新的なことを創造することが必須であり、それを大きな構想の元、社会に組み込んでいく構想力も求められるのだ。その構想の根源となるものとして、物事の本質を捉える論理的力、ものごとの原理原則の理解、そして、世界の多様性も含めたリベラルアーツ（教養）が少なくとも必要である。また、構想を実現していくための一つのツールがプログラミング言語である。今後あらゆる産業においてシステム化が進む中でアイデアを具現化していくために、プログラミングは避けて通れないものである。

　第四次産業革命を起こしている中核のイノベーターも、産業革命の流れを事業機会と捉えている起業家も、この時代に活躍が期待されるリーダーも、従来から言われているロジカルシンキング、問題解決力、リーダーシップなどに加えて、レベルの差こそあれど共通してプログラミング力が必要である。

　インターネットで人も機械もこれだけの人数と台数が繋がることは人類史上初めてのことであり、母国語、英語、プログラミング言語のトリリンガルとなることが、グローバルな時代の産業革命の成果をものにする鍵となるであろう。

　ここで第一次から第四次までの各産業革命の特徴を思いっきり一言で捉えたものを見てみよう。

　　第一次産業革命（18 世紀半ば～ 19 世紀）　蒸気機関と機械化

　　第二次産業革命（19 世紀後半～ 20 世紀初頭）　電力と大量生産化

　　第三次産業革命（1960 年代～ 1990 年代）　コンピューターと自動化

　　第四次産業革命（2010 年代～）　人工知能と自律化

以上のように第三次産業革命のコンピューター、第四次産業革命の

● 自ら人生の舵を取れ！

人工知能のその大元はプログラム言語から始まる。この産業革命の波に乗るにはトリリンガルが重要であることを改めて確認して欲しい。20世紀後半からはコンピューター、最近ではスマフォのない生活はありえない。これらは全てプログラムなしでは動かない。そして、この金鉱に気付いて自らプログラミングをしたマイクロソフトのビル・ゲイツ氏、アップルの故スティーブ・ジョブス氏、フェースブックのマーク・ザッカーバーグ氏などが時価総額10億ドル以上のユニコーン企業の創業者となっている（参考：【表1】ユニコーン企業の創業者がプロ

【表1】ユニコーン企業の創業者がプログラミングに興味を持った時期

会社名	創業者	コンピュータ、プログラミングに興味を持った時期
Apple	Steve Jobs	13歳頃には電子機器を電子部品をガレージで組み立てて製作。リード大学中退。
	Steve Wozniak	6歳の時、アマチュア無線免許取得。自作キットのアマチュア無線機製作。13歳の時、トランジスタを組合わせたコンピュータで科学コンクール優勝
Microsoft	Bill Gates	12歳頃（中学生）、コンピュータに興味を持つ。15歳頃（高校生）、交通量計測システム、給与計算システムの作成。ハーバード大学法学部中退
Google	Larry Page	6歳の頃からコンピュータを始める。スタンフォード大学（コンピュータ科学修士）
	Sergey Brin	幼少期（小学生）からコンピュータを始める。スタンフォード大学（コンピュータ科学修士）
Facebook	Mark Zuckerberg	12歳頃（中学生）からプログラミングを始める。ハーバード大学工学部コンピュータ学科中退
Amazon	Jeff Bezos	幼少期（小学生）からガレージで理科実験。15歳頃（高校生）、コンピュータに興味を持つ。プリンストン大学（コンピュータ科学）
Tesla Motors SpaceX	Elon Musk	10歳の頃からプログラミング独学。12歳の時商業ソフトのゲームを製作し販売。ペンシルベニア大学（工学士）
Twitter Square	Jack Dorsey	8歳でMacに触れ、10歳で、IBMパソコンに精通。14歳の時、自動車の交通システム（タクシー会社）のソフトをオープンソースで書く。ニューヨーク大学中退
eBay	Pierre Omidyar	14歳頃（高校生）からコンピュータに興味を持つ。タフツ大学（コンピュータ科学）
Snap	Evan Spiegel (CEO) Bobby Murphy (CTO)	Stanford University drop　Stanford University Bachelor of Science degree in Mathematical and Computational Science

148　第3章：多様なリーダーシップ教育

グラミングに興味を持った時期)。これらの企業の多くは社会の価値観を変えてきている。この事実からもプログラミングができることによる爆発力は証左の通りであり、重要性が分かるのでプログラミングのできるリーダーの育成を推進したい。産業革命は社会のインフラの在り方を変えていく力があり、キーワードがコンピューターと人工知能であり、その基礎はプログラミングである。したがって、プログラミングのできるリーダーを育成することが急務の課題である。

　将来の日本がIT立国として世界貢献できるようになるために、1人でも多くの方がプログラミングを学んで欲しい。そして、将来日本を背負って立つ若い世代には、できれば小学生のうちからプログラミングに興味をもつことを期待するとともに、プログラミングのできるアントレプレナー型グローバルリーダーとして成長することを期待する。そのような環境をプログラミングスクール（p.school）から創造してゆきたい。

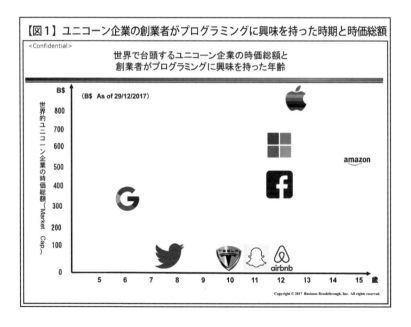

2．英語教育におけるリーダーシップ

地球社会に貢献できる人材の育成

(WORLD CAMPUS 特集 1995 国際教育シンポジウム 大前研一)

◎リーダーシップの獲得はコミュニケーション能力の育成から

日本の英語教育の課題について考えていきたいと思います。

EU や NAFTA の国々を見ていると、ここ十年間で英語が非常によく通じるようになっていることを感じます。たとえばイタリアやフランスの大学では、以前は講演のとき、必ず通訳が必要でした。しかし最近では、通訳はまったく必要ありません。学生が英語を話しますから。

ヨーロッパで英語が浸透するのに大きな役割を果たしたもののひとつに、MTV があります。イギリスで制作された音楽番組です。それがヨーロッパ中で放送されて、若い世代の人気を集めました。MTV では、音楽も DJ も英語です。これにより、若い世代は英語を素直に受け入れていけたんです。CNN がヨーロッパで放送されるようになったのも十年前からです。

ボーダーレスなのは、電波だけではありません。インターネットもそうです。インターネットには、CNN の「著者と語ろう」という会議

室があります。私もその招きを受けて、インターネット上で読者と話をしたことがありますが、世界中の読者からの質問が瞬時にして私のモニターに映し出されます。それに対して私が返答し、それを軸にまた議論が発展します。

このようにボーダーレスなネットワーク型の世界でリーダーシップをふるう、あるいは協力関係を構築するためには、従来の日本的教育で学んだ英語ではまるで役にたちません。英会話でもだめでしょう。

従来の日本の英語教育は、文献にあるものを理解して、それを日本語に正しく置き換えて応用できるようにする、そのような能力の育成を目的にしていました。そしてそれには、和文英訳や英文和訳もそれなりの意味がありました。

しかし現在は状況が異なります。現在求められているのは瞬時性です。たとえば海外の工場へ行き、自分の眼で見て、説明を受けて状況を理解する。そしてあなたがそれをどのように理解し、その改善のためにどうすべきか考えたことを相手に伝え、行動を変えてもらうために説得する。リーダーシップとはそのようなものを指します。

日本的英語教育の一番の弊害は、連続性がないことです。たとえば「私は朝おきて、歯を磨いて、学校へ行きました」と言えたとしましょう。でもそれが言えたとしても「それでどうしたの」と問われると、返答ができなくなってしまうのです。ひとつひとつを取り上げれば複雑な和文英訳、英文和訳をする能力があっても、そこから応酬話法を盛り上げていくことができないんです。

たとえば今日、分詞構文を習ったとしましょう。だから「お母さんが入ってくるやいなや、私は席を立った」と英語を言えるようになった。ハイ、正解です、で終わり。しかし、もしそこで「なんで席を立ったの」と言われると、「今日はその練習はしていないからわかりません」

ということになってしまうんです。これは非常に本質的で、重要な問題です。

このような○×式の教育を受けていると、まずそれが正解なのか、間違っているのか、それを最初に考えるようになってしまいます。ある構文が苦手で点数が悪いと、それを考えるのもいやになる。th の発音が苦手な人は、th を使わないで話そうとするようになる。そして大学受験が済んだなら、もう忘れてしまおうとするんですね。

ところが今要求されているのは、瞬時性なんです。インターネットであれ、電波であれ、海外の工場視察であれ、瞬時に考えてリアクションしていかなければならない。

見て、聞いて、理解する。そして理解したことを説明してなんらかのアクションを起こす。このサイクルが回らない限りコミュニケーションとは言えないのです。

（ISA 国際教育ジャーナル 1995 年 12 月号）

グローバルに活躍するために何を学んでおくべきか〜グローバルリーダーとして身につけておくべきこと

〈実践ビジネス英語講座(PEGL)上級コース Global Leadership 第 4 回より BBT 大学学長 大前研一〉

グローバルリーダーになるためには、何を学んでおいたらいいのかということですが、今までの話で心構えとか、それからマインドセットという様なものは、大体、カバーされたと思うんですけれども。実は、グローバルリーダーというのは、筋トレみたいなものが必要なところがあるんですね。こうやって筋肉をトレーニングしないと、体は、中々

丈夫にならないというように、ちょっと回り道でも、筋トレみたいな基礎体力を付けておく必要があると思います。

実は、私、最近、中国で李登輝が私にこういうことを言ったことがあるんですね。「政治というのは、要するに民衆が水で、その上に浮いてる船のようなものだ」と。「だから、本当に浮かぶためには、水が船を支えるようにみんなに支えられてないといけない」と。「しかしながら、ひとたび民衆というものが、反乱を起こしてものすごい波が来れば、船は簡単にひっくり返ってしまう」と。

こういうことを、李登輝が言ったので、その話を中国でしていたら、いや、それは、実は唐の時代の太宗が敵としていた魏という人が言った言葉で、こういうことだよと。「水よく船を浮かす」と「水よく船を覆らす」と、「なおその水は、よく船を覆らす」という、言葉があると言って、すらすらと漢字で、その難しい人の名前、魏志倭人伝の魏という字の人なんですけども。そういうのを書いたんですね。

私は感動しましたね。そういう話をしていたときに、実はそれは、中国ではこういう人が最初に言った言葉なんですよということで、我々は漢字同士の話し合いですから、漢字でこうやって書くわけですよ。ああ、そういうことですかと。唐の太宗のと。これで私は、この人の知的レベルに対して、ものすごい感動したんですね。だから、これから、あなた、東京に来ることがあったら、一緒にご飯でも食べようと。私は彼から引き続き色んなことを学びたいと、こう思ったんですね。つまり、このような知的な興奮というものが、グローバルリーダーには絶対に必要なんです。

この人は、ある会社のグローバル企業の中国の代表をやっている人なんですけど。普通、グローバル企業の中国の代表というと、英語だけ、ぺらぺらうまくて何となく浅い。アメリカの学校などに行ってきて、アメリカでは、もうどこにでもいるような感じで、薄いという感じが、私はちょっと、なきにしもあらずだったんですけれども。

その人も英語がうまいし、話してるといろいろと面白いことも言う

んだけども。そういう人かなと思ってたときに、こういうことがあり、私はこの人は結構、色々知ってるなと。実は3日間、一緒に中国を旅行したんですけれども、本当にこの人は、自分の国の歴史もよく知ってるというところで感激しました。

つまり、実はグローバルな場で活躍をしていこうとしたときには、いくつかのことを知っていないといけないと。つまり、経営というものについてだけ知ってるとか、バランスシートの読み方とかそういうものだけ知ってるとか、会社の戦略方針とかそういうのをよく覚えたというのでは、やはり駄目で、非常に広い力、広い教養、そういったものがないと、うまくいきません。

実はそのために、このプログラムの中においては「力」シリーズというのがあります。ちょっと読んでみますと。「質問する力」とか「論理的な思考」、「問題解決力」、「構想力」。それから、ハイコンセプトとかモチベーション、3.0(スリーポイントゼロ)。これは、ダニエル・ピンクさんの本を私が訳したものですけれども。

こういうことで、基礎体力を付けていただくために、グローバルリーダーとして、どうしても知っておいて頂きたい考え方とか、優れた人の本とか、そういうものを見ていただく。これによって、大体、グローバルなリーダーの人たちが知っているであろう、或いは、最新の情報まで含めたことを皆さんにも、この幅を広げるために一応、習得して頂きたい。

それから問題解決力なんかは、幅だけじゃなくて深さで実際に使えるツールになってもらいたいと思っています。それから、私は最近、特に力という意味ではないですけれども、問題解決力というのを、ずっとひもといていきますと。私もマッキンゼーの中で、このプログラム・ソルビング・アプローチでは、随分いろんな手法を開拓したんですが、ふと気が付いてみると、その殆ど全ては、ギリシャ哲学にあると。

実はギリシャ哲学というのは、私は高校時代に随分読んだんです。ソクラテス、プラトン、アリストテレスなどが中心ですよね。その他

にも、私は化学をやりましたので、ユークリッドとか、ピタゴラスとか、皆さんも、おなじみと思いますけれどもね。そういう人たちの仕事も、もちろん知ってはいるんですけれども。

マッキンゼーに入って、そしてコンサルタントとして仕事をするに及んで、ギリシャ哲学の創始者といいますか、ソクラテス。ソクラテスは本を書きませんでしたので、プラトンが書いた本で『ソクラテスの弁明』。英語では、これをソクラテスの対話、『ソクラテジアン・ダイアログ』と言いますが、市場に出ていってお客さんの意識調査のフィールドインタビューとか、色々なことをするときに使う、ソクラテスの対話という手法は非常に重要なんですね。ですから、最近、私はいくつかの雑誌でも、哲学について興味を持ってもらいたいと記事を書いています。

今、日本でも哲学ブームと言われてますけれども、ちょっと浅過ぎます。要するに、哲学というものを歴史で学ぶ。哲学の歴史。誰々はどういうふうに言いました。デカルトは、こういうふうに言いました、カントは、こういうふうに言いました。これ、よく大学の哲学なんかを取ると、哲学は教えてくれないんです。哲学の歴史を教えて、人の名前と何々説。こういうことを唱えた、こういうことを唱えたと、こういうことを教えてくれるんですけど。

そういう哲学じゃなくて、使える哲学。これはやはり、ギリシャに限ります。私はアリストテレス。この人は弁証法、論理学、こういうものの創始者です。自然科学のあらゆる手法も、この人が創始者なんですけれども。

特に論理学。これは問題解決の一番基礎ですね。A イコール B、B イコール C であれば A イコール C と。経営の問題をいろいろ証明してくときには、こういうやり方を使いますし、それから機能的方法とか、演繹的方法という論理学の方法っていうのがあるわけですけれども。ほとんど、今日、問題解決で使われているやり方というのは、アリストテレスに端を発するわけですね。

2300年も前に、こういう人たちがいたということも驚きですけれども、そのアリストテレスと、それから、全てのギリシャ哲学の父と言われているソクラテス。この人が、いわゆる対話を通じて真実を求めていくと。あなたが、それを言う理由は何なんですかというふうにして、一つずつ事実というものを解明していく、そういうアプローチ。ソクラテスの対話手法。対話によって真実というものを明らかにしていく。そういったやり方というのは、特に、イギリスとかアメリカにおける、知的社会のいわゆる論戦・論陣の基礎を成すものです。

　ですから、ぜひ皆さんも、そういうことに関心を持っていただく、そのための一助として、この質問する力とか問題解決の方法とか、そういったものを学んで頂きたいと思います。これが、非常に幅広い知識であると同時に、一部、問題解決については深く、使って結果が出せるようなところまで、時間をかけて習得して頂きたいと思っております。

　もう一つは、私が月1回、ワンポイントレッスンというものをしております。これはどちらかというと、異文化コミュニケーションです。私の使う例というのは、あなたが例えばチェコに赴任したとして、最初の日に何をしますかと。そして、どういうコミュニケーションを取りますかと。誰に何を頼みますか。どうやって結果を出しますか。地域社会とどう付き合いますかというような、そういった異文化におけるリーダーとして派遣された場合の心構えとか、私の場合には心構えよりももっと重要な、具体的に、ここをどうやってやるのかというやつですね。その結果を出すためにはどういうことをしたらいいのかと。

　私は40年、グローバル化についてずっと考えてきた人間ですので、日本企業の国際化のお手伝いをずっとやってきた経験から、こういうことをやったほうがいいんと違いますかと。こんなことを繰り返してみたらどうですかと。こういう人に、こういうことを頼んでみたらどうですかというようなことを、月にワンポイントずつやっていく予定です。

皆さんも、英語におけるコミュニケーション。主として英語で、世界のどこでもマネージャーというのはやっていかないといけないと思いますので。その英語におけるコミュニケーションの、色々なコツみたいなものも、この中には入っています。

ということで、異文化におけるコミュニケーション、また、リーダーとして、皆さんからそれなりに一緒に仕事をやろうというふうに感じてもらう。そういうヒントみたいなものが、シリーズで作られておりますので、ぜひ皆さんも、これを参考にして頂きたいと思います。

それから、まとまった話を人にするプレゼンテーション、或いは講演。それから、誰かに頼まれて自分の会社の戦略を政府関係者に話したり、或いはお客さまに話したりというときの、話の仕方、コミュニケーションの仕方。これは、プレゼンテーションということになりますけれど。

実は、今はパワーポイントみたいなのがありますから、プレゼンテーションの準備というのは、昔に比べると随分楽になりました。しかしながらプレゼンテーションというのは、実はコミュニケーションが本当にできているかどうかということを考えると、パワーポイントがなくても同じことが伝えられる能力を磨いていかないと、「ご覧頂きますように、右の図ではこれを示しておりまして、左の図ではこれを示しておりまして、このような結果になってます。」というのを20分続けると、相手は何が言いたいのかということが分からないんですね。

要するに、私が皆さんに伝えたいことはこういうことなんですと。その証拠に、A・B・C・D、そうでしょ。こういうことから、私は今、世の中で起こってることはこのようなことだと思い、わが社のやろうとしてること、わが社が皆さんに提供しようとしているのは、こういうものなんです、素晴らしいでしょと。こういうことが分かって頂けるようにする。この能力というのは、実はパワーポイントがなくても、コミュニケーションの力というものを磨いていけば出てきます。

そのために、私が世界各地で色々と対談や講演をしてきたものを見

て頂きたいと思います。皆さんの場合には、英語でその話をしなければいけない局面があるだろうということで、これを中心に対話、ある人とのダイアログ、プレゼンテーションなどを英語版や日本語でもパソコンなどで見れるようになっています。デジタルのＡチャンネル、Ｂチャンネルを使って、英語の場合と、ダビングした日本語の場合のものがあります。

　私は、マッキンゼーという、世界で一番高いコンサルティング会社にいましたので、貴方にそれだけの金を払って価値があるのかという、非常に厳しいお客さんの目の中で仕事をしていましたので、非常に短い期間で、ある程度相手が、なるほど、こいつには金払ってもいいかなと思ってもらうようなことをしなければいけなかったので、非常に経験を積んだというか、プレッシャーの下で仕事をして、結果的にそういうものに対してある程度、能力を磨くことができたということです。

　実は私は、高校時代は人としゃべるのが嫌いで、対話を避け、親とも先生とも会話をしない、非常に偏屈な少年であったと、『学校に行かなかった研一』という本で私の姉が書いてます。実は、それは私はすっかり忘れておりまして。そんな変な本が出たときに、母親に聞いてみたら、「あんた、伶子の言うとおりよ」と言われましたんで、多分、そういう人間だったと思うんです。

　私はクラリネットを吹いて、ひたすら自分の好きなことしかやっていませんでしたので、対話能力が全くなかったんですけど、大学に入ったときにクラリネットを買おうとして、高いフランスのクラリネットを買うために、銀行強盗以外なにができるかと考えたときに、「通訳案内業だよ」と誰かが言ったんですね。その結果、私は運輸省のガイド免許を取って、2500人の人を、その後6年間、大学院まで含めて案内したわけです。

　このときに、いい案内をして、お客さんが納得して喜んでくれると、チップがどんと来る「カスタマー・サティスファクション」というこ

とを勉強しまして、利潤動機で、私はコミュニケーションの能力を磨いたんですね。夕方に、非常にハッピーに「さよなら、研」と言ってもらうと、私の手元には握手する度に2ドルずつが来るという、こういうことですね。バスなんかの場合には、気の利いたおじさんが帽子を回してくれて、2ドルずつ入っている。何もやらないときは、そんなことやってくれる人もいないから、チップないんですよね。中ぐらいのときには1ドルずつ入ってるから、26ドルじゃないですか。52ドル入ってきたときには、360円の世界だと、1万8000円くらいですよ。初任給が9000円の頃に1万8000円。2カ月分の給料が1日のガイドで入ってくるんです。

　ということで、申し訳ありませんが、私は利潤動機でカスタマー・サティスファクションの勉強をし、利潤動機でそのために、いかに日本というものをうまく説明するかということを、学生時代にやったんですね。

　こう変わりましたよ。何しろ2ドルっていうのがたくさん続きまして。今、JTBの会長さんやられていた、社長、会長やられていた舩山龍二さんが、ちょうど当時、私にガイドの仕事をくれていた、アサインメントをやっていた人なんですけど。「大前さんの場合には、必ず後でお客さんからお礼状が私の所にたくさん来ました」と言ってました。私の本にも書いてありますけれど。『旅の極意、人生の極意』という本にも、舩山さんが書いてくれていますけど。そうなんです。カスタマー・サティスファクションを私は勉強したんですね。

　マッキンゼーに入ってからは、高い料金でやっているから価値があるかということで、厳しい目にさらされてまた勉強したと。そしてマッキンゼーを辞めてからは、どちらかというと講演をするということで、世界中で講演してますけど。マッキンゼーの講演も、もちろんやりましたけども、お金はもらえなかったんですね。マッキンゼーのときは、お金をもらって講演するっていうことはノーですから。会社のためにやりますのでね。お金をもらったとしても、会社に全部行くんです。

今は、私は海外でやったときには、一つの講演、5万ドルです。5万ドルというのは、今、世界で数人もらっている人がいるんですけど。そういうことをやっています。このときは、必ず主催者は、こいつの話は面白かったとか、また来たいかなどのアンケートを採りまして、アンケートが良くないと、もう二度と呼んでもらえないということになって、海外での講演はなくなるわけですね。

普通、ノーベル賞をもらった人でも、講演では一つの講演が大体3000ドルぐらいです。私の場合には、ずっと5万ドルを維持してるわけですね。ということは、そこそこ、いいことを言ってるに違いないと思うんです。お金で判断しちゃいけないんですけど、その金を支払ってでも、講演者がお客さん呼んでやろうということは、やはり、そういうことなんですね。

このような講演をやってくということは、聞いてる人が、こいつはなかなかユニークなこと言っていると、非常にためになったと、こういうことを言ってもらわなきゃいけない。つまり、プレゼンテーションというのは、人々がそれによって、どういう理解をして帰ってもらいたいのかという結果を考えてからやらないといけないんです。

だからそういうことをガイドで言うと、2ドルもらうにはどういうふうにやらなきゃいけない。同じなんですけどね。だから私は、学生時代と何も変わってないんですけども。講演会をやったときに5万ドル頂いちゃうと、その結果として、なかなか普通では聞けない話が聞けたなと、良かったなと、こういうふうに思ってもらうために、私はブラジルとかアルゼンチンとか、ポルトガル、スペイン、ドイツ、イギリス、アメリカ、いろんな所でやりますけどね。最近は中国とかアジアも多いんですけども。

そういうふうな聴衆別に、また聞いてもいいわ、こいつならというふうに言ってもらう。つまり、結果ですね。結果というものが、ポジティブに出てくるようなプレゼンテーションというものを、商売柄やっているわけです。これは、ぜひ皆さんにも見てもらい。何だ、大前は

いつも同じこと言ってつまらないな、と思う人がいるかもしれません
けれども、それはそれでいいんです。なぜかというと、これが金の稼
げるプレゼンテーションだということなので。

　実はそういう金が稼げる人というのは、殆ど世界でも、いないとい
うことですよね。即ち、そういうレベルの金が稼げる人は殆どいない
わけですから、たまたま皆さんの担当をさせて頂いている私は、副業
と言ってはなんですけれども、皆さんの知らない所で、そういうこと
をやっておりますので、その辺を垣間見るつもりで、ビデオを主催者
の許可を得て、BBT では使えるようになっています。これはぜひ皆さ
ん見てください。ちょっとレベルが高過ぎで付いていけないわという
場合には、日本語のダビングと併せて聞いてみるとか、色々やって頂
いたらいいと思います。

　それから対話。これも「議論する力」のところでも出てまいります
けれども、対話によって相手から真実を引き出すと。これはもうソク
ラテスの対話ですよね。この辺も、ぜひ皆さんに盗んでいただきたい。
こういったようなものは、いろいろなイグザンプルを見ることによっ
て、盗んで身に付けるものになりますので、プレゼンテーション、コミュ
ニケーション、そういったようなものを、大前さん一人の素材で悪い
んですけれども。他の人の素材を持ってくると、お金が掛かりますよ
ね。大前さんの素材だったら、皆さんの払っている中で、私がどうぞ
と言っているわけですから、この辺はぜひ見ていただきたいと思いま
す。

　それから、もう一つ。このプログラムに参加した人は毎週日曜日、
私が20時から22時まで、大前ライブという、今週起こった世界の出
来事、日本の出来事、政治、経済、そしてマネージメントについての
解説をして、物の見方、考え方というものを、毎週、フレッシュな素
材に基づいて語るということをしています。

　それから各週、私がテーマを出して、私がもしその人の立場だった
らどうするかという、リアルタイムの、オンライン・ケーススタディー

というものをやっています。リアルタイム・オンライン・ケーススタディー（RTOCS）ですね。これがライブの2時間の中に入っています。これをぜひ見てもらいたい。

　理由は、日本のテレビとか新聞を読んでるだけでは視野が広がらない。特にグローバルな視野が広がらないということなので、何よりも、毎週、私の考えたことを皆さんに伝えるということによって、皆さんも少し従来の分野と違う、あるいは自分業種、自分のお店、会社、部門と違うことに関心を持ってもらう。

　この関心の広さというのが教養・素養、そしてグローバルな共通の話題というものにつながってくるわけですよ。これがないと、自分の事業の、非常に狭い範囲のことでコミュニケートしようとしますと、相手の受容度というのが下がってくることになります。従って私は、やはりギリシャ哲学から、いろいろな素養・教養、そしてニュースなどの捉え方、そういうものを含めて、学んでもらいたいと思います。世界の共通言語というのはすごく最近は似通ってきてます。

　先ほど、中国の唐の時代の魏という人の話をしましたけれども、今、ニュージーランドに行ってもブラジルに行っても、話題の大半は、過去数カ月で起こった世界的な事象についての話題が多いです。それらのものというのは、インターネットでみんなが情報を共有している。世界は一つの劇場になり、そしてその劇場の中で、共通の認識というものが出てきており、そういう共通の認識に乗っかっているグローバルな新しいタイプの、グローバルなリーダーというのは出てきています。皆さんも、そういう内の一人なんだと。相手がそういうふうなことによって安心して、この人とだったら一緒に仕事ができるようになるよな、ということが非常に重要になります。

　グローバルリーダーの一つの条件というのは、自分の狭い個人、あるいは会社、部門、あるいは業界を超えて、幅広い素養を持つということではないかと思います。何も哲学に限らず、音楽でもいいし、古

い音楽、民族音楽、クラシック音楽。何でもいいんですけれども、そういうような広がり、人間の素養みたいなものが、自分の発言の背後にあることが、相手が理解してくれると、受容性はうんと広がるということです。

　ですから、このグローバルで活躍するために、何を学んでおかなくてはいけないのか、どういうふうな素養を身に付けなければいけないのかということについて、盛りだくさんかなという気はしますけれども、主として四つの観点から、時間をかけて吸収し、狭い範囲の自分の部門だけではない、広い世界の、非常に面白い発展というものに興味を持ち続けて頂きたいと思います。

実践ビジネス英語講座（PEGL）：リーダーシップ力トレーニングコース

　異文化環境で、リーダーシップを発揮するための"人を動かす英語力"を修得する。
　グローバル環境、多様性で混じり合う価値観、英語でのコミュニケーション。
　もはや「スキルや専門知識だけでは人を動かせない現実」に直面するビジネスリーダーは後を絶ちません。

　日本流のリーダーシップ力では通用しない、そんなグローバル環境で生き残るためには、知識の枠組みを超えたトレーニングが必要です。本コースでは、「オンライン×体感型」のブレンド学習で、より実践的なトレーニングにフォーカスしたカリキュラムを実現しました。グローバルリーダーが身に付けるべき「人を動かす経験」を積みたい方に最適のコースを次にご紹介します。

こんな課題をお持ちの方におすすめ

①グローバル環境で通用する、リーダーシップの取り方を学びたい方

②多様性への理解や異文化へ配慮した対応の仕方を知りたい方

③相手の気持ちを動かすための、英語表現・ニュアンス力を向上したい方

④仕事の話はそれなりにできるが、もう一歩踏み込んだ話をして相手と信頼関係を築きたい方

得られること

グローバル規模で通用するリーダーシップ理論やマインドセットを学び、国際レベルで通用する「英語で人を動かす」リーダーシップ力を形成します。リーダーとして人の気持ちを動かす微妙なニュアンスを伝える英語力を、実際の状況をリアルに再現したオンライン英会話のトレーニングで鍛えながら、世界の主要な文化・歴史を理解し、国籍や価値観、ビジネススタイルの異なるメンバーと、チームとして最大限の成果を生み出せる力を身につけます。

リーダーに必要とされる英語力

日常会話やビジネスシーンで必要とされる英語力と、リーダーとして相手の気持ちをモチベートしながら組織を動かしていく英語力は、学ぶべき内容が全く異なります。本コースでは、リーダーが直面する様々なビジネスシーンで、微妙なニュアンスをも伝えられる「英語で人を動かす力」を身につけます。

チームや組織を牽引し、動かす力

一昔前の『俺についてこい』『リーダーの命令は絶対だ』のような日本流のリーダーは、国際社会では通用しません。

国際レベルで通用するリーダーシップ力とは何かを学び、人々を行

動にかりたて成果をあげるためのリーダーシップ

マインド・スキルを修得します。

異文化を理解し、関係を構築する力

グローバルリーダーには、相手の国籍・文化の特徴を見抜き、受け入れ、"自分自身を適応させる力" が求められます。

どんな環境下においても世界中の人たちとチームを組んで仕事をし、文化の違いを超えて相手と関係を構築するためのコミュニケーション力を学びます。

スキル修得の流れ

異文化環境で、リーダーシップを発揮するための"人を動かす英語力"を修得します。

1．ロールモデルを学ぶ

大前研一が、毎年10億円の赤字を出しているアメリカ支社工場長役のスティーブ・ソレイシィ氏に "初対面でタフな交渉を持ち込む" という設定で"台本なし"のロールプレイを披露します。英語交渉シーンと巧みなコミュニケーションから読み取れる「リーダー術」とは何なのか。グローバル環境でのリーダーシップの真髄に迫りながら、世界で通用する究極メソッドを伝授します。

2．リーダーのコアスキルを修得

グローバル規模で通用するリーダーとしてあるべき行動を習得するためのコアスキルを、映像講義や英会話、他流試合方式のディスカッション通して体系的に学びます。具体的な異文化環境を理解・適応するための Drive（意識）、Knowledge（知識）、Strategy（戦略）、Action（行動）の「4つの能力」を身につけ、世界と自国の文化・歴史的背景を多角的に理解しながら、グローバルリーダーに必要とさ

れる「教養」までをも一貫して修得します。

3．120回の会話トレーニング

　リーダーとして人の気持ちを動かす微妙なニュアンスを伝える英語力を、実際のビジネスシーンをリアルに再現した120回にわたるオンライン英会話トレーニングで鍛えます。講義で学んだスキルを、様々なシチュエーションにおいて発揮するために、部下役である英会話講師とロールプレイを行い、あなたの意見に反抗する部下（講師）をどうリードするか等、実践・フィードバックを交互に重ねます。

4．グローバルな視野の拡大

　様々なグローバル環境でリーダーシップを発揮し、ビジネスを成功させてきたグローバル企業、グローバルリーダーたちの成功・失敗エピソードや、現地事情などを取り扱った珠玉の講義をご覧いただきます。多様なグローバルリーダーのロールモデルを知り、受講生同士でディスカッションを行うことで、自分が目指すべきリーダー像を構築します。

5．集合研修（任意参加）

　ビジネス・ブレークスルー麹町校舎にて、講師や受講生とリアルな対面式で英語でのグループディスカッションやケーススタディを行い、更なる「実践力」と「異文化体感力」を鍛えます。グローバルビジネスシーンを想定したグループワークやアセスメントも含め、全3回を予定しています。

Kenichi Ohmae's Practice of Global Communication
〜ソクラテスの対話から学ぶ〜

【概要】

舞台はアメリカにある日本の自動車用部品会社の子会社。日本より赴任したGM役の大前研一が、毎年10億円の赤字を出している現地工場長役のスティーブ・ソレイシィ氏（BBT大学教授）に初対面でタフな交渉を持ち込むというシナリオのもと、即興ロールプレイが始まります。台本なし、待ったなしで繰り広げられる英語交渉シーンと巧みなコミュニケーションから読み取れる「リーダー術」とは何なのか。グローバル環境でのリーダーシップの真髄に迫りながら、世界で通用する究極メソッドを伝授します。

さらに、門永宗之助氏（BBT大学教授）と狩野みき氏（BBT大学講師）が、全14シーンを英語とビジネスの視点で完全解説。対話の進め方（日本との違い）や、日本でも通用するような経営の視点、英語と日本語での感覚・文化の違い、ビジネスコミュニケーションにおける英語圏・文化の観点から相手とビジネスを進める上での注意点まで、幅広く紐解きます。

この科目で学べること

①グローバルリーダーとして、相手に自ら考えさせ、解決策を考え、そして実行に結びつけていく対話力
②課題認識を共有していく過程に必要な状況判断や思考力、コミュニケーション力のロールモデル

③グローバルリーダーとしての必要な能力、知見をイメージし、各自が自分なりのリーダー像を描くことができる力

こんな方におすすめ

①リーダーの立場で外国人部下と信頼関係構築に悩んでいる方

②グローバルリーダーに必要な思考力、コミュニケーション能力の習得に興味がある方

③大前流のメソッドをもとに、自分なりのリーダー像をこれから描きたい方

＊【PEGL】Kenichi Ohmae's Practice of Global Communication（サンプル映像：第14回 Wrap Up より：https://www.youtube.com/watch?v=Eyfx1KQhPI4）

本科目で繰り広げられる、大前研一とスティーブ・ソレイシィ教授の「即興ロールプレイ」をご覧いただいた後に、大前が受講生に贈るメッセージです。予測不可能なビジネスの場面で、グローバルリーダーとして立ち向かうためには、英語力だけを高める学習方法ではなく、即興で対応できるためのグローバルビジネスマインド、知識、多様性を受け入れる異文化スキルなどが必要です。

学習の流れと講義一覧　Learning Methods & Syllabus

【講義一覧】Practice of Global Communication 〜ソクラテスの対話から学ぶ〜

第1回 即興ロールプレイ（大前研一＆スティーブ・ソレイシィ）
第2回 ソーシャル・アイスメルティング
第3回 ビジネス・アイスメルティング
第4回 チームを組織する
第5回 会議を行う (1)
第6回 会議を行う (2)
第7回 会社・組織を分析する
第8回 工場閉鎖 (1)
第9回 工場閉鎖 (2)
第10回 ディーラーコンベンション

第 11 回 資金調達
第 12 回 戦略的計画を立てる (1)
第 13 回 戦略的計画を立てる (2)
第 14 回 まとめ

【学習の流れ】

映像講義を見る

グローバル環境下で必要とされる、リーダーシップの知識やスキル、英語表現などを、大前研一とスティーブ・ソレイシィ教授の即興ロールプレイを通して体系的に学びます。

集合研修に参加する

講義映像で学んだこと、気付いたことをもとに講師や受講生と学びあいます。事前課題を確認・準備を行い、ケーススタディやディベートを通して理解力を更に深めます。(※集合研修は英語で行います)

解説映像で復習する

集合研修が終わると、門永・狩野講師による解説映像が公開されます。大前研一のロールプレイを全 12 シーンに切り分け、英語とビジネスの視点から分析。集合研修での学びを参考に、理解を深めます。

Leadership 〜オンライン英会話レッスンと共に学ぶ〜

【概要】

世界規模の徹底した調査をベースにしたリーダーシップ理論と、異文化コミュニケーション等を専門とするカップ講師の「世界での経営コンサルタントとしての経験知」に基づいた講義により、グローバルリーダーとしてあるべき行動を習得します。さらに、講師自身がファシリテーションを行うサイバーディスカッションを通じ、自らの行動

を振り返ります。

この科目で学べること
世界規模の調査をベースにしたリーダーシップ理論を学べる

グローバルリーダーとしてあるべき行動規範

異文化コミュニケーション等を専門とする講師とのディスカッション

こんな方におすすめ
自身が考える「リーダー像」が世界に通じず自信がなくなっている方

世界基準のリーダーシップ理論を学び、英会話で実践できるようになりたい方

今一度、リーダーとしての自らの行動を振り返りたい方

*【PEGL】Leadership（サンプル映像：第2回 Can You Change Your Leadership Style? より：https://www.youtube.com/watch?v=C85gMsAH9F4）

グローバルで活躍できるリーダーに必要となる考え方や言動など、どのような決定打がビジネスの現場を変えるのか。部下や組織を動かせるのか。これまでの日本式リーダーシップとの違いを知り、自分自身をグローバルリーダーへと変化できるかを考えます。

学習の流れと講義一覧　Learning Methods & Syllabus
【講義一覧】Leadership（リーダーシップ）

第1回　What is Leadership?　リーダーシップとは
第2回　Can You Change Your Leadership Style?　自分のリーダーシップスタイルを変えられるか

第3回　Model the Way　模範となる
第4回　Inspire a Shared Vision　共通のビジョンを呼び起こす
第5回　Challenge the Process　プロセスに挑戦する
第6回　Enable Others to Act　人々を行動にかりたてる
第7回　Encourage the Heart　心から励ます
第8回　How can you develop your leadership skills?　最高のリーダーになるために

【学習の流れ】

1. 映像講義を見る

グローバル環境下で必要とされるリーダーシップの知識やスキル、英語表現などを体系的に学びます。

2. 専用の英会話レッスンを受講

全16回ある講義映像に付随したオンライン英会話レッスンを受講すれば、講義映像で学んだ知識やスキル、フレーズなどを実際にトレーニングをすることができます。

3. フィードバックを確認

毎回、講師からのフィードバックが届きます。全体評価から、強みや克服点などまで細かく書かれているため、復習に活かすことができます。

――参考：コラム――

外国人社員から "評価されない" 日本人（前編）

マネジメント・スタイルについて取り上げます。実践ビジネス英語講座・リーダーシップ力トレーニングコースで講師を務める米国人のロッシェル・カップ氏は、マネジメント・コンサルティング歴が長く、日本人マネジャーの長所と欠点を間近で見ています。カップ氏が特にコンサルティングの対象としているのは、「米国式上司を期待してい

る米国人社員」を管理する日本人マネジャーです。カップ氏によれば、日本人マネジャーは、米国や他の国々では時代遅れ、または効果がないとされているマネジメントのアプローチをいまだに用いていることが多いと言います。カップ氏の著書の『日本企業の社員は、なぜこんなにもモチベーションが低いのか』（インプレス）から、日本人マネジャーが外国人社員を管理する際の盲点について解説します。

　リクルートが中国、日本、シンガポール、インドのアジア4カ国で約300人ずつ合計約1200人の社員を対象として実施した調査「アジア4カ国の上司像と働き方に関する調査2012」（文末URL参照）によると、「上司への満足度」で日本は最低のスコアを記録しています。インド人社員の82%、中国人社員の89%が現在の上司のマネジメント・スタイルに満足しているのに比較して、日本人社員の満足度はわずか50%でした。

　タワーズワトソンが実施した調査でも類似した結果が出ています。「上司がマネジャーとしての仕事を効果的にこなしているか」という質問に対して日本人社員で「こなしている」と回答したのは45%、「どちらでもない」は39%、「こなしていない」は16%でした。世界平均は「こなしている」が61%、「どちらでもない」は25%、「こなしていない」は15%でした。

　日本人マネジャーはどうして評価が低いのでしょうか。日本人マネジャーの弱点について同書は考察しています。

◎日本人マネジャーの "マイクロマネジメント" は自身の保身のため？

　日本人マネジャーに関して最も問題が大きいのは、"マイクロマネジャー" として過度に細部に気を配るマネジメント・スタイルです。マイクロマネジャーとは部下の仕事を極度にコントロールしたがるマネジャーのことを言います。マイクロマネジャーは部下の仕事の細部

にわたって、すべての段階でチェックを入れ、仔細な意思決定にまで関与します。

　米国人マネジャーなら部下に作業を一任し、細部は気にしません。米国人は一人前のプロフィールを持っている社員なら、プロジェクトの責任を持ってすべてを処理するものだと考えていると、カップ氏は述べます。マネジャーから委託された個別の仕事に対し、自分の専門知識をフルに動員し、持てる力の全てをそこに注ぎ込むものと捉えているわけです。専門知識も力もあって仕事を一人で完遂できる米国人社員は、マネジャーの助言を頻繁に求める必要がないと考えられています。個人の仕事は個人の産物であり、個人の業績のみを反映しているものであるという考え方です。米国人上司は最初に緻密な指示を与え、あとは部下が「ボールを受け取って走り」（米国で頻繁に使われるイディオムです「take the ball and run with it」）、「独立して行動」（同「works well independently」）することを期待しています。よってマネジャーは自分の部下が取り組んでいる仕事の詳細をすべて把握していることは必要とされていません。自分の管轄下にあるプロジェクトの詳細についてマネジャーが把握していない場合、上層部に対して「ちょっと分からないので、担当している部下に確認して後から報告します」という回答は正直で妥当であるとされるのだと、カップ氏は述べています。

　一方、日本人マネジャーはすべてを監視し、細部にまで口を出すという点に心当たりはないでしょうか。日本では上司が部下の仕事の内容に責任を持つことになっているため、必要に応じて上司自身が納得するように部下の仕事をやり直すことも多く見られます。日本人マネジャーは自分の部署で進行している仕事の非常に細かいことすべてを把握して、上層部からどんな質問があっても、即答できるように準備しています。即答できなければ上層部から注意や叱責があり、将来の昇進の道を閉ざしてしまうと恐れているわけです。結果としてそれが息苦しいマイクロマネジメントのスタイルにつながっているのだと同書は指摘します。

大前研一通信・特別保存版Part.11　　173

◎ホウレンソウ（報告・連絡・相談）は米国人社員には期待できない

　ホウレンソウ（報告・連絡・相談の頭文字を並べたもの）は、大学卒の新入社員が社員教育で一番最初に学ぶ仕事のやり方です。この概念は日本でこそ一般的に普及しており、知らない人はいないと思いますが、米国では知られておらず、英語の言葉すら存在しません。同書によると前述した「マイクロマネジメント」が最も近い言葉です。カップ氏が開催するセミナーでは、「ホウレンソウ」が出来ていない米国人社員が多いのだと、次のような嘆きを日本人マネジャーから多く聞くのだと言います。「なぜ自分の部下は、進捗状況や質問の有無を自分に報告しないのか？部下の仕事の状況について闇の中に取り残されているような気がする」──。米国人に特有の「独立して行動」する仕事の仕方、つまり仕事の進捗状況や完成度など途中経過が見えず、締切期限の直前になって初めて最終的な完成物をまとめてドカンと渡されるようなやり方は、日本人マネジャーにとって不慣れで戸惑うものです。「締切期限までに果たして間に合うのだろうか」「完成度が低かったらどうしよう」と不安に感じることでしょう。

　米国では部下が「ホウレンソウ」を実行すると、米国人マネジャーはその部下のことを「手を引いての世話が必要な仕事能力に欠ける人材」だと判断することになるだろうと同書は指摘します。

◎マイクロマネジメントの対極にあるエンパワーメントが米国のトレンド

　マイクロマネジメントと対極にあるマネジメント・スタイルが「エンパワーメント（権限委譲）」です。同書によると米国ではエンパワーメントが非常に効果的であるとされています。エンパワーメントとは、社員が賢明で責任感が強いと信じることに基づいています。エンパワーメントを与えられた社員は上司の承認を取らずに自分で意思決定でき

自ら人生の舵を取れ！●

ます。近年、社員にエンパワーメントを与えて、個々の社員に意思決定を任せることが米国企業でトレンドになっているのだと同書では言います。個人だけでなくチームの全員に対し、上司に相談することなしにチームメンバーのスケジュールを管理したり、意思決定できるようなエンパワーメントを与えることも重要だと同書では説きます。日本のマネジャーは、社員をもっと信頼し、社員が自分で考えて行動する裁量を与えることが必要だと同書ではアドバイスしています。

　いかがでしたでしょうか。みなさんには自分が今までに慣れ親しんだマネジメント・スタイルがあると思います。それだけで突き進もうとすると、時に予期しない不具合を生じかねません。特にグローバル環境では要注意。自覚のないまま行っているマネジメント・スタイルがあるかもしれません。それを自覚した上で、日本人・外国人の個々の部下に応じたマネジメントを意識的に行うのが望ましいと言えるでしょう。

　〈ソース〉
　日本企業の社員は、なぜこんなにもモチベーションが低いのか（インプレス）
　http://www.amazon.co.jp/dp/4844373951/　pp.164－175
　アジア4カ国の上司像と働き方に関する調査2012（リクルート調査）
　http://www.recruit-ms.co.jp/research/inquiry/in121128.html
　（『実践ビジネス英語講座』メールマガジン　グローバルリーダーへの道 Vol.164 2015/05/14）

──参考：コラム──

外国人社員から "評価されない" 日本人（後編）

　意思決定のスピードについて解説します。実践ビジネス英語講座・リーダーシップ力トレーニングコースで講師を務める米国人のロッシェル・カップ氏は、マネジメント・コンサルティング歴が長く、日本企業を間近で見ています。日本企業の海外支店で働いている外国人社員、および供給業者、顧客、パートナーとして日本企業と一緒に仕事をしている外国人ビジネスパーソンが一番不満に思っていること

大前研一通信・特別保存版Part.11　　175

は、日本企業は意思決定に長い時間を必要とすることだとカップ氏は指摘します。カップ氏の著書の『日本企業の社員は、なぜこんなにもモチベーションが低いのか』（インプレス）から、日本企業の意思決定のスピードの遅さについて解説します。

　カップ氏がよく耳にする、日本企業で働く"米国人の愚痴"というのは、「ビジネスチャンスを逃してしまう」「市場の波に乗れない」「素早い対応ができないと、顧客を失ってしまう」というものが多いそうです。日本企業の意思決定に時間がかかることが、米国市場での成功に不利な条件となっていることを懸念しているわけです。

　世界中で技術と社会環境の変化がスピードアップしていますが、中でもカップ氏が住んでいる米国サンフランシスコ近郊のシリコンバレーは、ビジネスのペースが非常に速いのだと言います。世界のどこよりもスピードが速いのは、他の文化と比較して、米国社会が常にスピードを重視してきたからです。米国人は昔から「急ぐ」ことを好み、「とりあえず行動して、後から考える」という風潮があります。これは、厳しい環境で生き残るために素早い行動が必要とされた米国の入植者や開拓者に不可欠だった行動様式なのかもしれないとカップ氏は言います。カウボーイ文化でもスピードが重視されていました。西部劇でガンマン同士の決闘シーンでは、背を向け合った決闘相手と同時に振り返りざま拳銃で撃ち合います。「quick on the draw 銃を抜くのが素早い」と言う表現は「機転か利く」という意味ですし、銃を抜くことすらせずに「shoot from the hip 銃を腰のベルトから外さずに、弾丸を発射する」（衝動的な行動をする）」と言った表現が生まれています。

　米国人がしゃべるスピードが年々速くなっている、つまり早口になっているということを米国人の英語の教師から聞いたことがあります。そして、米国東部よりも西部の人々のほうが早口なのだと聞いたことがあります。

　米国経済の成長につれて、米国人は他人を追い越すことにより、競

争の激しいビジネス環境でアメリカンドリームをつかもうとしています。西部開拓魂は早撃ちの姿を変えて今も受け継がれているに違いありません。

それに比較して日本文化は安定の中で育ってきました。広大なアメリカ大陸をたったの 200 年間で東海岸から西海岸を目指して急いで我が土地を競って手に入れていった米国の無骨なフロンティア（開拓者）精神とは異なり、日本では千年以上の時間をかけてゆっくりと定住が定着しました。日本人の生活は 1 年間かけて 1 サイクルする稲作農業を繰り返すというリズムの中で展開します。何事を行うにも急いだり先送りしたりせずに、田んぼの水張りや田植えや稲刈りの最適の時期を待つことが重視されました。日本人は期限に対する意識は高いのですが、大きな決断を下す際には必要以上に時間をかける傾向があります。「time is money　時は金なり」または「time is of the essence　時間は重要である（から急がなければならない）」といったような表現は、米国と比べて日本ではあまり使用されていないのだとカップ氏は言います。

日本式意思決定のプロセスに「調整」「根回し」「稟議」があります。いずれのプロセスも日本独特で、あまりにも特殊なため、英語ではそれに相当する言葉が存在しません。

(1)「調整」とは、日本の組織が物事を進めるにあたって、様々な構成要素を体系化し組織化することです。
(2)「根回し」とは、調整のプロセスで行われる、個人的で非公式な交渉の要素です。
(3)「稟議」とは、提案書を関係者に回覧することです。意思決定が必要な内容はすべて、この提案書に要約され、それを主要な意思決定者（十人以上のこともある）に回覧します。各人が提案書を読んだうえで内容を検討し、承認印を押します。

米国では一般的に平社員レベルで決定するような提案書の内容で、

大前研一通信・特別保存版Part.11　177

正式な稟議書を必要としない場合でも、日本企業では経営上層部の承認が必要です。これは社員やマネジャーがエンパワーメントの不足を感じさせられるだけでなく、多数いる経営上層部全員から承認印を得ることに時間がかかります。

日本企業は急速に進化する今日の市場の変化に対応するため、意思決定のスピードアップを図り、そのプロセスに莫大な社内資源を費やすことをやめないと、国際競争に取り残されるおそれがあると、カップ氏は警鐘を鳴らします。日本企業は、自分たちにとって重要である意思決定プロセスの美点をあきらめることができないかもしれません。そうであっても、プロセスを早める方法を見つけ出す必要があります。それは日本企業が国際競争の中で生き残り、繁栄するためには不可欠です。

スピードアップを図るため、まず最初に、承認プロセスの合理化から始めるのが良いとカップ氏は言います。稟議を承認する人数を削減し、ある程度の内容に対しては経営上層部の承認を必要とせず、下層管理職に決定権を与えることをカップ氏は提案しています。

いかがでしたでしょうか。ちなみに「根回し」という言葉を語源を考えずに本稿の筆者は使っていました。同書によると園芸に関する言葉です。樹木を植えかえる時、一日で掘り出して新しい場所に移植しようとすると、樹木がショックで枯れてしまうことがあります。そこで、樹木の根の各部分に特別な注意を払いながら、何日かにわたってゆっくりと土をほぐして馴染ませながら移植すると、枯れることなく、健康に成長します。転じて、意思決定に向けて道を整える意味に使われるようになりました。

〈ソース〉
　日本企業の社員は、なぜこんなにもモチベーションが低いのか（インプレス）
http://www.amazon.co.jp/dp/4844373951/　pp.133-142
（『実践ビジネス英語講座』メールマガジン グローバルリーダーへの道 Vol.165 2015/05/21）

Cultural Intelligence　～カルチュラル・インテリジェンス～

【概要】

　グローバルに通用するリーダーになるために必要な、異なる文化を読み解き、適応する力＝CQ（Cultural Intelligence）。世界中の人たちとチームを組んで仕事をし、結果を出すためのスキルを学び、文化の違いを理解するだけでなく、その違いを超えて相手に伝わるコミュニケーション力までをも学びます。様々な国・文化において、Cultural Intelligence の核となる Drive（意識）、Knowledge（知識）、Strategy（戦略）、Action（行動）の 4 つの能力を理解し、自らが行動・実践できるための力を身につけます。

この科目で学べること

①グローバルに通用するリーダーになるために必要な、異なる文化を読み解き適応する力

②国別のビジネスの進め方、思考傾向や行動様式を理解し、相手に伝わるコミュニケーション力

③CQ アセスメントによる、自分の異文化対応力と弱点克服

こんな方におすすめ

①海外の現場・パートナーを相手にうまく仕事が進めることに自信がない方

②グローバルに通用するための

③CQ スキルを鍛え、それをビジネスで生かしたい方

④自身の CQ スキルを知り、受講生や講師とケーススタディを実践してみたい方

＊【PEGL】Cultural Intelligence〈サンプル映像：第4回CQ Knowledge 〜知識〜（直接的VS間接的コミュニケーション）より：https://www.youtube.com/watch?v=uRttZ1Cr6bY〉

世界には、直接的なコミュニケーションを好む国と、間接的なコミュニケーションを好む国が存在します。日本は間接的傾向が強い文化ですが、さらにそれよりも間接的なコミュニケーションを取る国もあり、より配慮を必要とした言動が求められます。この回では、相手がどの国・文化に位置するかによってどのように自分自身の対応や考え方を調整するかを考えます。

学習の流れと講義一覧　Learning Methods & Syllabus

【講義一覧】

第1回：About CQ 〜CQとは？〜
第2回：CQ Drive 〜意識〜
第3回：CQ Knowledge 〜知識〜（リスク回避・リーダーシップに関する国別事情）
第4回：CQ Knowledge 〜知識〜（直接的VS間接的コミュニケーション）
第5回：CQ Knowledge 〜知識〜（言語的VS非言語的コミュニケーション）
第6回：CQ Knowledge 〜知識〜（トップダウン式VS コンセンサス重視コミュニケーション）
第7回：CQ Strategy 〜戦略〜
第8回：CQ Action 〜行動〜

【学習の流れ】

1. 映像講義を見る

グローバル環境下で必要とされる Cultural Intelligence（CQ）の知識やスキルなどを体系的に学びます。

2. ディスカッションに参加する

ラーニングアドバイザー(LA)が、毎月1日に課題を発表します。1ヶ月間の中で、ご自分の好きなタイミングで英語で課題提出をし、受講生同士でオンラインディスカッションを行います。

3. CQアセスメントを受検する

　日本初、ハーバードMBAの課外授業で効果測定にも使われている『CQアセスメント』を導入。あなたのCQを「4つの能力」のカテゴリ別に測定し、「自分は何が足りないのか」を明確にしたのち、集合研修へ参加します。

Global Literacy　〜グローバル・リテラシー〜

【概要】

　グローバルで活躍できるリーダーになるためには、世界中の異なる考えを持った人たちとチームを組んで、人を動かし、人との深いつながりを構築できる力が求められます。グローバルリーダーとして異文化・ダイバーシティの入り混じるグローバルなチームをけん引し、結果を出すためには、表面的な異文化の理解で満足するのではなく、その裏にある各文化のコアを知ることが重要です。この講義では、グローバルリーダーとして活躍するのに必要なグローバルリテラシーは何かを学び、世界の様々な文化圏のコア概念を学ぶことにより、受講者各々が、グローバル社会の中で確固たる世界観を構築することを目指します。

この科目で学べること
①グローバルリーダーに必要とされる教養と知識
②リベラルアーツや各文化の歴史的背景に対する多面的理解力
③世界の様々な文化圏のコア概念を理解し、さまざまな状況に応じ

た適用力を修得できる

こんな方におすすめ
①外国人との会食の際に仕事やお酒、スポーツ以外の話ができなくて困っている方
②考えや価値観の異なる外国人が理解できずに悩んでいる方
③リベラルアーツを学び、外国人の行動形式の原点やコアを理解したい方

　＊【PEGL】Global Literacy（サンプル映像：　https://www.youtube.com/watch?v=cKRUVPjcX-I）

　多様性の中でリーダーシップを取らなければならない時、「自分の論理と異なる外国人の主張が理解できるか」「自分の主張を外国人に納得させることができるか」など、コミュニケーションのベースとなる知識が必要です。グローバルリテラシーを学ぶことで、その原点（コア）を理解し、円滑に物事を進められるためのスキル（教養）を修得します。

学習の流れと講義一覧　Learning Methods & Syllabus
【講義一覧】
Global Literacy（グローバル・リテラシー）

第1回　概略
第2回　ヨーロッパ(1)
第3回　ヨーロッパ(2)（リスク回避・リーダーシップに関する国別事情）
第4回　イスラム
第5回　インド・東南アジア
第6回　中国
第7回　韓国（朝鮮）
第8回　日本
第9回　科学技術史・西洋編(1)
第10回　科学技術史・西洋編(2)
第11回　科学技術史・東洋編(1)
第12回　科学技術史・東洋編(2)
第13回　科学史・日本編

第14回　技術史・日本編(1)
第15回　技術史・日本編(2)
第16回　科学＋技術・比較編(1)
第17回　科学＋技術・比較編(2)
第18回　総括

【学習の流れ】

1. 映像講義を見る

　グローバル環境下で必要とされるグローバルリテラシーの知識や
スキル、世界の様々な文化圏のコア概念などを体系的に学びます。

2. 課題に取り組む

　ラーニングアドバイザー（LA）が、毎月1日に課題を発表します。
1ヶ月間の中で、ご自分の好きなタイミングで英語で課題提出をし
てください。

3. フィードバックを確認

　LAからフィードバックが届きます。他の受講生の提出した内容な
ども読み合いながら、課題や英語への理解を深め、知見や視野を広
げます。

──参考：コラム──

外国人の"主張の本心"が理解できますか？

　「リベラルアーツ」と聞いて、みなさんはどのようなイメージを持
つでしょうか？リベラルアーツは大学時代に勉強するものであって、
社会人になってからは、接点は薄いものだと筆者は漠然とイメージし
ていました。社会に出て何かの拍子に文学や芸術や音楽など高尚な話
題になったとき、話題についてゆくための恥ずかしくない一般教養を
身につけるのがリベラルアーツ教育の狙いなのかなぁという程度の認
識でした。正直なところ、何のためにリベラルアーツを勉強するのか

という目的も理解していませんでした。

そんな時、『本物の知性を磨く 社会人のリベラルアーツ』（祥伝社）にリベラルアーツを勉強する目的が明確に記述してあり、目から鱗が落ちました。同書によると、他国人を理解するためには、その人個人を知るだけではなく、その人が生まれ育った文化背景も含み、トータルとして理解することが現在のグローバル環境では必要なのだと言います。したがって、リベラルアーツを勉強するゴールは、世界各地の文化のコアをしっかりとつかむということになります。グローバルビジネスの最前線で実際の業務に携わっているビジネスパーソンは、異文化に日々接触して、実務レベルで対応しようと試みるわけですが、日本と違って対応に苦慮することが多々あります。そうした困難を克服するのがリベラルアーツを勉強する狙いです。

日本とは文化背景の異なる国の人々と、同一の職場で上司、部下の関係で付き合うにあたり、彼らが持つ文化のコアを把握することが必要不可欠になる理由は、私的な個人としての彼らの言動と、そうでない時の彼らの言動の論理が異なることがあるからだと、同書の著者であり、実践ビジネス英語講座（PEGL）のリーダーシップ力トレーニングコース講師である麻生川静男氏は述べています。「文化のコアを理解している」というのは、彼らの表面的な主張や言動を、我々日本人の論理や倫理観に基づいて理解するのではなく、彼らの文化に根ざした観点から理解できることを意味します。具体的には例えば次のようなことです。

(1)自分（あるいは日本人）の考え方と異なる時、外国人の主張の本心が理解できるか？
(2)自分（会社あるいは個人）の主張を外国人に納得させることができるか？
(3)複数の文化背景を持った外国人のチームを任された時、リーダーシップを発揮して上手にまとめていけるか？

典型的な成功例が、過去の英国の植民地支配です。英国人は必ず現地（アフリカ、中東、アジア）の国々の文化を実に詳細に調査しているのだそうです。具体的な調査内容というのは、その国の歴史、文学、哲学、宗教、芸術、工芸、技術、科学で、さらにはその国の大衆が共通に肌感覚として持っているものを知る必要があると、麻生川氏は言います。また、風俗誌や人物伝などを通じて庶民の生活実態や理想像を知ることが重要であり、特に異なる文化圏から訪れる旅行者が執筆する生活誌や旅行記は、本国人が見過ごしてしまいがちな「生活の実態」を書き留めていることが多く、文化の実態を知るには有益な情報源だと言います。つまり、現在の文献だけでなく、昔の生活誌や旅行記のように当時の社会や生活の様子をリアルに描いた書籍を通じて、仮想的（バーチャル）に当時の社会実態をあたかも体験したかのように知ることが大事なのだと麻生川氏は述べています。

例えば、分かりやすい国として日本に関して言えば、幕末・明治初期に日本を訪問した外国人が書物を書き残しています。その中でもとりわけ英国人が書き残した書物を読むと、彼らの観察眼の確かさが分かります。具体的にはラザフォード・オールコック、アーネスト・サトウ、バジル・チェンバレン、イザベラ・バード、ジョージ・サムソンなどの外交官や商人の名前を麻生川氏はあげます。結果的には彼らの日本における活動というものは、日本からさらなる利益を搾取することになるのですが、それでも彼らが書き残した書物（旅行記や日記や報告書）は、当時の日本文化のコアを知るうえで今なお非常に価値があることは認めざるを得ません。

グローバル社会においては、グローバル視点を身に付け、リベラルアーツを学ぶことでグローバルリテラシーを向上させなければなりません。同書が指摘するようにその狙いとは、教養の箔を付けるためではなく、文化のコア、そして相手（外国人）のルーツを理解することであり、単なる知識にとどまらず、グローバルビジネスに必要な活眼を養うということなのですね。

● 自ら人生の舵を取れ！

〈ソース〉
『本物の知性を磨く 社会人のリベラルアーツ』（祥伝社） http://www.amazon.
co.jp/dp/439661540X/ pp.3-7、33-42、47、48 PEGL リーダーシップカトレー
ニングコース 麻生川静男講師 担当科目「Global Literacy」 http://www.ohmae.
ac.jp/ex/english/lecturer/asogawa.html
（『実践ビジネス英語講座』メールマガジン グローバルリーダーへの道 Vol.186 2015/10/22）

BBT's Leadership Selection ～映像講義とディスカッションフォーラムで学ぶ～

【概要】

様々なグローバル環境でリーダーシップを発揮してビジネスを成功させてきたグローバル企業、グローバルリーダーたちの成功・失敗エピソードや、現地事情などを取り扱った珠玉の映像を厳選。様々なグローバルリーダーのロールモデルを知り、自分がどのようなリーダーを目指すか振り返ります。更に、これまで映像講義やディスカッションで学んだ内容を踏まえ、グローバルで活躍しているリーダーがどのようにそれらのスキルを活用して活躍をしているのか等、映像を題材に、AirCampus® 上でサイバーディスカッションを繰り広げます。

この科目で学べること

① グローバルリーダーとして活躍する日本人のマインドセット
② リーダーとしての役割・発揮すべきスキルを様々な先人達の体験談
③ LA や受講生と自分のリーダーとしての行動目標を明瞭化できるディスカッション

こんな方におすすめ

① グルーバルで活躍してきた先輩方から経験知を学びたい方
② 身近にリーダーとしてのロールモデルとなる人物があまり見当た

186 第3章：多様なリーダーシップ教育

らない方
③自分がどのようなリーダーを目指すべきか、指標となる人物像を明らかにしたい方

【講義一覧】Syllabus
BBT's Leadership Selection
　第1回　アフリカでのビジネス経験から学ぶ
　講師：佐藤芳之（株式会社オーガニック・ソリューションズ・ジャパン 代表取締役／ケニア・ナッツ・カンパニー 創業者）
　第2回　「ＧＥ」の成功事例に学ぶ
　講師：安藤 佳則
　第3回　ボーダレスワールドからネクストグローバルステージへ
　講師：安藤 佳則　ゲスト：大前研一
　第4回　日本人はグローバルリーダーになれるか？
　講師：高橋 俊介　ゲスト：増田弥生氏（VP, Human Resources Asia Pacific Region Nike, Inc.）
　第5回　日本発グローバル企業に学ぶ～ KOMATSU & YKK ～
　講師：大前研一
　第6回　企業のグローバル化と人材リーダーシップ
　講師：大前研一
　第7回　ネスレの成長戦略
　講師：内田和成　ゲスト：高岡浩三氏（ネスレ日本株式会社 代表取締役社長兼CEO）

大前研一 One Point Lessons ～オンライン英会話レッスンと共に学ぶ～

【概要】
会社の公用語が突然英語になったら、1カ月後に突然海外派遣を命じられたら、あなたならどうしますか？　国際的なコンサルタントとして長年世界を相手

にビジネスをしてきた経験から、大前研一が真の英語コミュニケーションのポイントをご紹介いたします。日本にいながら国際人になるために、英語学習のコツから海外赴任先でのアドバイスまで、幅広く学習いただけます。

この科目で学べること
1. 正解主義ではなく、成果主義の英語を学ぶ重要性への理解
2. 英語表現の特徴や、ニュアンスの使い分けの仕方
3. 日本と海外とのビジネスの違いや、マインドセットの作り方

こんな方におすすめ
1. 外国人とのコミュニケーションの心構えについて知りたい方
2. 様々なビジネスシーンで知っておくべき態度やマインドの基礎を学びたい方
3. 自分の考えをアウトプットし、講師や受講生とディスカッションをしたい方

＊【PEGL】大前研一 One Point Lessons 2（サンプル映像：第2回Nuances より：https://www.youtube.com/watch?v=oB1DHoorerY）

自分の解決したい問題に対していかに相手を巻き込みながら物事を前に進めることができるか。グローバルリーダーに必要な「人を動かす」スキルには、英語特有のニュアンスへの理解が不可欠です。この回では、グローバルリーダーが持つべき英語表現に対する視点と、相手をその気にさせるテクニックについて学びます。

学習の流れと講義一覧　Learning Methods & Syllabus
【講義一覧】
大前研一 One Point Lessons

第1回　英語のコミュニケーション能力が身に付かない理由
第2回　ニュアンスの使い分けについて
第3回　アクションが遅れがちな日本人
第4回　問題解決に向けてのアドバイス
第5回　コミュニケーションの心構え
第6回　社内コミュニケーションにおけるメールの書き方、活用方法
第7回　外部の人とのコミュニケーション
第8回　ローカルコミュニティとの関係の構築
第9回　スーパージェネラリストとしての正しい態度
第10回　社内の人と人間関係を構築する上での重要なポイント
第11回　英語でスピーチをする際に心がけるべきこと
第12回　言いにくいことを英語で伝える重要性と方法

【学習の流れ】

1. 映像講義を見る

グローバル環境下で必要とされるコミュニケーションの知識やスキル、英語表現などを体系的に学びます。

2. 専用の英会話レッスンを受講

全12回ある講義映像に付随したオンライン英会話レッスンを受講すれば、講義映像で学んだ知識やスキル、フレーズなどを実際にトレーニングをすることができます。

3. フィードバックを確認

毎回、講師からのフィードバックが届きます。全体評価から、強みや克服点などまで細かく書かれているため、復習に活かすことができます。

「集合研修」

【概要】

実際に講師や受講生とリアルな対面式でグループディスカッションを行い、更なる「実践力」と「異文化体感力」を鍛えます。グローバ

ルビジネスシーンを想定したグループワークやアセスメントも含め、全3回を予定しています。

学習時間（目安）1回180分～240分（全3回）※任意参加

開催場所　ビジネス・ブレークスルー麹町校舎内（東京）

開催日時　年3回実施

　※開催1～3ヶ月前頃になりましたら、AirCampus® やメールにてアナウンスいたします。

　※通常、土曜の午後からの開催を予定しております。

この科目で学べること
①映像講義の理解を深められる、講師からの直接指導
②他の受講生の経験や意見から得られる気付きや刺激、自己理解力
③ケーススタディやディスカッションなどを通して修得する、実践的リーダーシップスキル

こんな方におすすめ
①講師や受講生と対面式で英語のアウトプットを行い、臨場感のある中で実践力を鍛えたい方
②受講生と他流試合をすることで、ディスカッションの力を養い、自分の考えをさらに深めたい方
②同期・先輩の受講生との親睦を深め、共通の学びを目指す仲間の輪を広げたい方

学習の流れと講義一覧　Learning Methods & Syllabus
集合研修・実施内容（全3回）

第1回　ファシリテーター：狩野みき

1.オリエンテーション

2.異文化コミュニケーション演習

3. "Kenichi Ohmae's Practice of Global Communication" を題材にしたディスカッション

　※内容は変更になる可能性がございます。

第2回　ファシリテーター：藤井正嗣

1.リーダーシップ・コミュニケーション・ロールプレイ演習

2.CQ アセスメントおよび、CQ を高める方法の解説

3.Cross-Culture 下のビジネスシーンにおいて発生しうる問題についてのケースディスカッション※内容は変更になる可能性がございます。

第3回　ファシリテーター：狩野みき

1.グローバルリーダーが直面する難しい状況で、即興ロールプレイ実施

2.講師および、他の受講生からのフィードバックを受け、学びを深める

3.本コースの総まとめ※内容は変更になる可能性がございます。

【学習の流れ】

事前課題に取り組む

AirCampus® から事前課題のお知らせが届きます。集合研修参加前に、映像講義やディスカッション、英会話レッスンを通じて理解力・実践力を高め、自分の考えをまとめたり、アセスメントに取り組むことで、当日のディスカッションを有意義な場にしましょう。

　集合研修に参加する

　全3回の集合研修に参加。講義映像やオンライン英会話レッスン、ディスカッションなど、本コースで学んだことを応用しながら講師や受講生と学びあいます。ケーススタディやディベートを通して理解力を更に深めます。（※集合研修は英語で行います）

志の高い仲間を作る

集合研修の後は、懇親会を行います。1年間同じコースで学びを共にし、高みを目指す受講生たちとリアルの場で交流することで、普段では聞けない異業種間でのグローバルビジネスの体験談も飛び出します。互いの学び・仕事のモチベーションを高め合いながら、ぜひ仲間の輪を広げてください。

BBT オンライン英会話レッスン～ Speaking as a Leader ～

【概要】

英会話レッスンの「実践」にフォーカスを当て、これまで様々な映像講義やディスカッションを通して学んできたリーダーシップ、異文化コミュニケーションの「知識×スキル」を、実際のビジネスシーンでどのように活用していくのかを学びます。リーダーが日常で直面する44種類のテーマ別に、英会話講師とキーフレーズの学習やロールプレイを行い、問題解決のシュミレーションを行いながら「英語で人を動かす実践力」を鍛えます。

この科目で学べること

①リーダーが日常で直面するシーンで、相手を動かすスキル

②これまでの映像講義で学んだスキルを活かした英会話でのアウトプット力

③ マンツーマンのオンライン英会話レッスンで臨場感あるロールプレイ

こんな方におすすめ

①グローバルリーダーとしての部下への対応、相手を動かす英会話

力を鍛えたい方

②様々なケーススタディに触れ、アウトプット力に自信をつけたい
　方

③　これまで各科目で学んだリーダーシップスキルを実践したい方

学習の流れとトピック一覧　Learning Methods & Syllabus

1. レッスンの予習をする

受講事前にレッスンの教材をダウンロードすることが可能です。分
からない単語をチェックし、課題などの演習のポイントをまとめてお
くことで余裕を持って臨むことができます。

2. 英会話レッスンを受講

全44回あるSpeaking as a Leaderのオンライン英会話レッスンを受
講すれば、講義映像で学んだ知識やスキル、フレーズなどを実際にト
レーニングをすることができます。

3. フィードバックを確認

毎回、講師からのフィードバックが届きます。全体評価から、強み
や克服点などまで細かく書かれているため、復習に活かすことができ
ます。

オンライン英会話レッスン・トピック一例

　　第1回　結論を出し、次に取る行動を明確にする
　　第2回　ポジティブ・ネガティブなフィードバックを組み合わせる
　　第3回　相手の話し方について改善を求める
　　第4回　悪い知らせを伝える
　　第5回　苦情に耳を傾け、対処する　など全44テーマ

● 自ら人生の舵を取れ！

「ＢＢＴオンライン英会話　各種トピック一覧

Kenichi Ohmae One Point Lessons

1	Internalize and memorize	暗記したいフレーズを書き留め、使いたい表現を自分のものにする
2	Nuances	英語のニュアンスを理解し、様々なシチュエーションでの使い分けを習得する
3	Take action	自ら行動する人間になる：電話やe-mailを使用したコミュニケーションの大切さ
4	There is only right communication	自分の「英語が正しいか」ではなく、「正しいコミュニケーションかどうか」を考える
5	Follow up	ミーティングのフォローアップメールの書き方と心構え
6	Frequent contact	社内コミュニケーションにおけるメールの書き方、活用方法
7	External contacts	外部の人との効果的なコミュニケーション方法
8	Community development	ローカルコミュニティと関係を構築する
9	Local professionals	現地のプロフェッショナル（リーガルアドバイザーや会計士など）と十分な時間を過ごす
10	Getting Acquainted	現地マネージャーを家に招待してコミュニケーションを図る
11	Practice speech	5つのシチュエーションを題材にスピーチ力を練習する
12	Difficult communication	難解なコミュニケーション

Leadership

1	合意した原則と基準にしっかりと支持を得られるよう、仕事仲間と十分な時間を取る
2	自分の行動が周りの人のパフォーマンスにどのように影響しているか、フィードバックを求める
3	組織を動かすための共通価値について、周りのコンセンサスを構築する
4	組織の仕事に影響を与える、将来の動向について話す
5	組織の未来における確固たるイメージとはなにかを説明する
6	同僚・部下に、将来のエキサイティングな夢を共有する
7	同僚・部下に、新しい革新的な仕事を携ませる
8	期待通りに物事が運ばない時、「ここから何を学べるか」を考えさせる
9	プロジェクト等に対するゴールや具体的な計画を掲げ、測定可能なマイルストーンを作る
10	相手の多様な真意を理解する
11	尊厳と尊敬をもって振る舞う
12	同僚・部下の仕事に自由と選択肢を十分に与え、彼らの決断をサポートする
13	新しく学んだスキルを自分の仕事で活かし、成長し続けられているかを確かめる
14	素晴らしい功績を残した相手を称賛する
15	同僚・部下の能力を信頼しているということを、相手に感じさせる
16	成果に対しての褒め方を見つける

Speaking as a Leader

1	自己紹介をする(エレベーター・スピーチ)	23	候補者にインタビューを行う
2	自然に相手に興味を示すようなスモールトークの仕方	24	求人を行う
3	相手に意見を募る	25	解雇を行う
4	提案を作る	26	報告・連絡・相談を行う
5	要求を伝える	27	意見の相違を表す
6	意見を述べる	28	説得力のある意見を言う
7	互いに合意し、決断を下す(交渉する)	29	相手の話し方について改善を求める
8	謝罪する	30	ブレストをする
9	急な依頼をする	31	争いを解決し、合意を求める
10	情報収集に適した質問の仕方	32	結論を出し、次に取る行動を明確にする
11	明確に説明する	33	顧客ニーズの満たし方を考える
12	ネガティブなフィードバックの伝え方	34	顧客と金額・配送スケジュール等の交渉を行う
13	ポジティブ・ネガティブなフィードバックを組み合わせる	35	顧客満足度を測る為のフォローアップを行う
14	悪い知らせを伝える	36	クレーム対応を行う
15	上司やクライアントに状況をレポートする	37	潜在的な新しいサプライヤーを審査する
16	上司やクライアントに懸念点を伝える	38	新しいサプライヤーと金額・配送スケジュール等の交渉を行う
17	苦情に耳を傾け、対処する	39	サプライヤーへ、テクニカル・サポートと改善案を提供する
18	他会社からオファーを受けた部下を引きとめる	40	卸売業者と議論する
19	コーチングを行う	41	地方自治体の担当者と議論する
20	不適切な発言を指摘する	42	銀行と議論する
21	パフォーマンス評価について	43	ポテンシャルパートナーと議論する
22	目標設定についての話し合い	44	地元の競技団体と議論する

リーダーシップ力トレーニングコースの受講生の声

グローバル環境でも率先してチームの課題を解決できるようになった。

居藤 誠さん アドビシステムズ株式会社 テクニカルアカウントマネージャ

リーダーシップ力トレーニングコースの受講理由を教えて下さい。

2013年4月から2014年3月に実践ビジネス英語講座(以下PEGL)中級コース、2014年4月から2015年3月にPEGL上級コースを受講・修了しました。英語は継続学習が重要だと考えており、2015年4月からの英語コースを探していました。当時はBBT以外でもいくつか検討していたのですが、PEGL中級および上級コー

スを受講し、自分の英語スキルが伸びたことを実感できたことから、できれば継続してBBTの英語コースを学びたいと考えていたところに本コースが開講されると知り、迷わず選択しました。

リーダーシップ力・英語力が必要だと感じたきっかけはなんですか？

2012年の転職をきっかけにグローバルの職場で仕事をするようになり、ビジネスで英語を使う機会が飛躍的に増えたことから、転職してすぐにこのままの英語力ではせっかくの機会を活かすことができないと考え、英語力が必要だと感じました。その当時から約2年が経過したところでリーダーとしてチームを引っ張ることになったことがきっかけで、リーダーシップ力も必要だと意識するようになりました。

本コースで役に立った、興味深かった科目はなんですか？

Cultural Intelligenceで自分のCQ（グローバル力の指標）を知ることができたことが非常に役に立ち、これからグローバル環境でリーダーになるために欠けている部分を認識できたことがよかったと考えています。私は転職をすることであえてグローバルの職場に入ったこともあり、グローバル文化を理解しようとする意識は高いのですが、グローバル文化の知識はまだ浅いという結果でした。知識を身につけることは簡単ではないですが、時間を見つけて少しずつ学習するようにしています。

本コースに含まれているオンライン英会話レッスンはいかがでしたか？

目毎に英会話レッスンが設定されたことが非常に役に立ちました。講義を単に聞くだけでなく、英会話レッスンですぐに学んだことをアウトプットできたので学習効果が非常に高かったと思います。本コースの英会話レッスンは講師を固定した方が効率がよいとわかり、常に同じ講師を選択していました。その講師は人気があっ

自ら人生の舵を取れ！ ◉

て前日に予約しようとしても空きがなかったので 1 週間前から予約するようにして科目の進行に遅れないように注意しました。

集合研修に参加された感想をお聞かせ下さい。

　　集合研修は講師と直接話せるだけでなく、同期にも会えて非常に有意義でした。集合研修では積極的に発言することが重要なのですが、私はあまり発言できなかった時があり、研修が終わってから更に英語を学習しようという意欲が高まりました。Cultural Intelligence でも集合研修がありましたが、同期の多くは既にグローバル文化の知識を持つ方が多く、刺激を受けて英語以外の教養も積極的に学ぼうという意欲も高まりました。

本コースを受講して、どのような成果を感じましたか？

　　グローバルでリーダーになるにはどうすればよいかを受講前は漠然としか考えられませんでしたが、受講した結果として英語を話すにもニュアンスを考えて場面によって言い回しを考えること、グローバルリーダーとしての心構えや常日頃から心掛けるべきこと、そしてグローバルで通用する教養を身につけることが重要であることを知りました。特に教養の部分は文化圏毎の歴史から地域毎の特性を知り、その特性に合わせてコミュニケーションスタイルを変えることの重要性が認識できました。

受講を検討されている方に一言お願いします。

　　PEGL 上級コース程度の英語力を必要としますが、日本語を使う割合も多いコースです。英語でリーダーシップ力、ニュアンス、心構えなどを学ぶことができる一方で、グローバルに通用する教養を学ぶグローバルリテラシーは日本語でじっくり学ぶことができます。集合研修が 1 年に複数回開催されますが、できるだけ時間を確保して研修に参加するようにしてください。講師のスケ

大前研一通信・特別保存版Part.11　　197

ジュールが合えば懇親会もあります。アウトプットを多くできるのが本コースの特長の1つだと思います。

国ごとの行動様式が判断でき、より効果的な議論ができるようになった。

リーダーシップ力トレーニングコース卒業　糠野博一さん

リーダーシップ力トレーニングコースの受講理由を教えて下さい。

　2013年にビジネス・ブレークスルー（以下BBT）の大前研一経営塾に入塾し、その内容の充実度合いとクラスメイトとの意見交換に刺激を受けました。BBTには実践ビジネス英語講座（以下PEGL）という英語コースがあるのは知っていて興味があったのですが、2015年4月にそのPEGLに最上級コースであるリーダーシップ力トレーニングコースが開講されると聞き、大変興味を持ちました。どうせ受けるのであれば、第一期生で受けるのが先行者の利点があると思い受講を決意しました。また、英語におけるリーダーシップはアメリカ本社のエグゼクティブを見て、それをベンチマークとしていたこともあり、いつか身につけたいと思っていました。

リーダーシップ力・英語力が必要だと感じたきっかけはなんですか？

　大学卒業後、すぐにアメリカ外資系会社に2社勤務し、それぞれ14年、21年勤務したため、英語を使う機会は多くあったのですが、職責上おもに社内におけるコミュニケーションにとどまったため、自身の英語が対外的に通用するか、適切なのかが不明でした。また、英語のみならず英語圏の文化の理解も深めたい気持

ちもありました。本当の意味でコミュニケーションを効果的なものにするには、言葉の習得に加えて文化の理解が必要で、それも日本文化との比較で学べば、より効果的だと考えました。

本コースで役に立った、興味深かった科目はなんですか？

　受講当初は大前さんの英語のニュアンスの講義（Kenichi Ohmae's Practice of Global Communication）が興味深かったです。それ以前、英語は直接的な物言いをする言語と思っていたのですが、それは間違いであることを学びました。TPO に合わせて、同じメッセージを伝えるにしても何通りも言い回しがあることを知ったのは今後に大いに生きると思います。後半はなんと言っても麻生川先生の Global Literacy です。特に、中国と韓国の歴史を理解することで、両国の行動様式が判断できるようになったのは、今後の彼らの動向を分析する上で、大変役に立ちました。

本コースに含まれているオンライン英会話レッスンはいかがでしたか？

　スカイプでの英会話（BBT オンライン）は大変役に立ちました。会話の設定がビジネスで多く遭遇するものとなっていて、そこで使用される適切な言い回しや、どういうスタンスを取るべきかというのも実践として学ぶことができました。フィリピンの英語講師もビジネスの状況をよく理解していたので、実際にありえる議論や反論を「自分の部下役」としてしっかり返してくれました。教材及び英語教師、双方とも品質が非常に洗練されていたと思います。また、25 分というレッスン時間もちょうど良い長さと思います。

集合研修に参加された感想をお聞かせ下さい。

　集合研修には、3 度とも参加し、ライブで先生の講義を受けられたのは大変役に立ちました。特に最後の集合研修は、一年間学んだ英語及び英語圏の対応方法をロールプレイで再確認するとい

う形式でした。その形式は、頭で分かっていても実際に使えるかどうかは別ということを改めて思い知らされたという意味で、大変有意義なものでした。撮ってもらったロールプレイビデオは一年間の学習の成果を確認することができるのと同時に、課題も確認できるので、大変良い贈り物です。

本コースを受講して、どのような成果を感じましたか？

　　大前さんの言う、グローバルビジネスシーンでの Impromptu（即興）が少しはできるようになったことでしょうか。英語で話をしているときに、次に何をいうべきか、相手の議論にどう反応すべきかが、（適切な単語が出てこないことはありますが）以前より楽にできるようになったように思います。また、日本語で議論をしているときに、自身の思考スピードが速くなったように感じます。そのため、日本語における議論の際、カウンターパートがどのように出てくるかをいち早く推察することができ、効果的な議論が以前よりできるようになったように思います。

受講を検討されている方に一言お願いします。

　　BBT の PEGL リーダーシップ力トレーニングコースは本当によく設計されています。また、講師陣も充実しています。参加される方も向上心が高く、刺激を受けます。このコースを受けることで最も効果を感じる人は、実際に英語でリーダーシップを発揮する必要がある方です。なんでもそうですが、クラスルームでの学びを本当に身につけるには、学びを実際に使う必要があります。実際に使って、うまくいけば自信になり、うまくいかない場合は、課題を確認し、それを克服します。その繰り返しで、本当の力が身につくと思います。なので、実際に英語におけるリーダーシップを使う・高める必要のある方にお勧めします。

THE OHMAE REPORT 大前研一通信

大前研一の発信が凝縮した 唯一の月刊情報誌

大前研一通信は、最新のビジネスに直結するテーマはもちろん、政治・経済、家庭・教育の諸問題からレジャーまで、様々な記事を網羅し、各方面の読者の皆様から「目から鱗」と多くの支持をいただいている大前研一の発言や論文をまるごと読むことができる唯一の会員制月刊情報誌です。

「PDF版」、「送付版」、「PDF+送付版」の3つの購読形態があり、ネットで参加出来るフォーラム「電子町内会（エアキャンパス）」のご利用も可能。

特にPDF会員の方には、エアキャンパス内での記事速報もご覧いただけます。

激動するビジネス・社会の諸問題に鋭く切り込み、ブレークスルーする処方箋まで具体的に提示する記事など、これからの激変する時代の羅針盤として、まずは「大前研一通信」のご購読をお勧めします！

大前研一流の思考方法をゲット！

サービス内容／購読会員種別		PDF会員	送付会員	PDF+送付会員
大前研一通信（お届け方法）	PDF版ダウンロード5日発行にて専用URLにUP	○		○
	印刷物10日発行		○	○
エア・キャンパス AirCampus	・大前研一通信記事紹介閲覧（PDFデータ等での）速報	○		○
	・フォーラム参加（ディスカッション参加・閲覧）	○	○	○
	・ニュース機能（RSSリーダーで情報を入手）	○	○	○

◎ スマートフォン他、携帯端末でも気軽に読める
【大前研一通信デジタル(Lite)】＊関連映像が見れる！（動画版もあります）

■＊Newsstand、＊Fujisan.co.jp、雑誌オンライン：（年間、単月購読）
■Kindle版、Kobo版、自己ガク、iBooks：（単月購読）

＊デジタル(Lite)版では、著作権等の都合により、送付版、PDF版に掲載される記事が一部掲載されないページがある場合がございます。

◎大前通信を手にとったことがない貴方へ
数量限定で無料サンプルをお届する〈数量限定〉のお試しプログラムも実施中！

掲載記事の一部や上記の関連情報を下記でご覧になれます。

大前通信の情報誌	http://www.ohmae-report.com
フェイスブック	https://www.facebook.com/ohmaereport
POD（プリントオンデマンド）版	A4判約40ページ【大前通信VOL オンデマンド】で検索

THE OHMAE REPORT 大前研一通信
http://www.ohmae-report.com/

■お申し込み・お問い合わせ先
大前研一通信事務局 〒102-0084 東京都千代田区二番町3番地 麹町スクエア2F
フリーダイヤル 0120-146-086　FAX:03-3265-1381
E-mail：customer@bbt757.com

リーダーシップ・アクションプログラムとは

短期詰込み型のリーダー研修が主流の今、我々ビジネス・ブレークスルーは1年という時間を掛け、リーダーシップとリーダースキルの両方を体系的に学べるプログラムを開発しました。
ビジネス・ブレークスルーにしか実現できない、【リアル】と【オンライン】をブレンディングさせた、全く新しいビジネスリーダー養成プログラムです。

プログラムの特長① 大前が定義するリーダーに必要なスキルの修得

プログラムの特長② 受講期間は1年　内省を促し行動変容を起こす

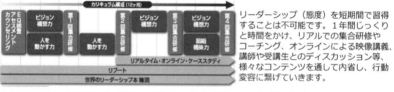

リーダーシップ（態度）を短期間で習得することは不可能です。1年間じっくりと時間をかけ、リアルでの集合研修やコーチング、オンラインによる映像講義、講師や受講生とのディスカッション等、様々なコンテンツを通して内省し、行動変容に繋げていきます。

プログラムの特長③ グループワークを通して"実践"をする

後半6ヶ月間で、様々なバックグラウンドを持つ受講生4〜5名でグループを組み、【斜陽・成熟業界を選択し、ターンアラウンドするための戦略を立案して頂く】というテーマでグループワークに取り組んで頂きます。様々な分析スキル（ハードスキル）の習得だけではなく、コミュニケーション、チームビルディング等のソフトスキルについても実践を通じて身につけることが可能です。また、チームシナジーを発揮するための"関係性の質"の高め方や、軸＜自分なりのリーダーシップ＞についても新たな気づきを得られます。

◆お問い合わせ・お申込み先◆
ビジネス・ブレークスルー大学 オープンカレッジ リーダーシップ・アクションプログラム 事務局
〒102-0084　東京都千代田区二番町3番地 麹町スクエア2F
℡0120-910-072（平日：9:30〜18:00）
Email: leader-ikusei@ohmae.ac.jp
HP: https://leadership.ohmae.ac.jp/

p.school

AI 時代を生き抜くための オンライン・プログラミング講座

目指せ！
トリリンガル！

自分のアイデアをプログラミングによって実現する力を付ける講座、
それがp.school（BBTプログラミングスクール）です。

ICT化が進む現代、グローバルリーダーに求められるのは、母国語、英語、プログラミング言語のトリリンガルの力です。また、「稼ぐ力」の「三種の神器」として、英語、財務、ITが挙げられていますが、ITの一番の基本はプログラミングです。単にプログラムを書くだけであれば世の中に沢山の人がいますが、プログラミングで自らの付加価値を出すには、ビジネスセンスと豊かな構想力が必要です。

そこで自らの付加価値を最大化するために、本講座ではプログラミングとビジネスデザイン、そして発想を豊かにする切っ掛けを生み出すためのリベラルアーツ（教養）について、一流の実務家から学んでいきます。これらを立体的に学ぶことではじめて、自分の構想をプログラミングで実現でき、新しい価値観を生み出す力が身に付いていくのです。

お子様に、プログラミング言語、ビジネスデザイン力、リベラルアーツ（教養）を身に付けさせてみませんか。お子様だけ学ぶもよし、親子二人三脚で学ぶもよし。保護者の方向けの「見守り力」をはじめ、貴方のスキルアップにも繋がります。

小中高生からプログラミングができ行動力のあるリーダーを育成する、未来のグローバルリーダー育成講座p.schoolにお任せください！

◆お申込は、開講前月の25日まで！

2つコースがありますので、お子様に合ったコースを選んでいただければ幸いです。

入門編：プログラミングが初めての方向け

基礎編：プログラミングを学んだことがあるがもっと力を付けたい方向け

どちらのコースが合っているか分からなければ、遠慮なく事務局にご相談ください。

「p.school」
の詳細はこちら

https://pschool.bbt757.com/
Tel.03-6380-8707
E-mail:p.school@bbt757.com

オンラインで
ビジネス英会話

結果が出せる、ニュアンスが伝わる。

ビジネスに特化したカリキュラムで
グローバル化社会に対応できる英語スキルを持った人材を育成します。

Curriculum
優れた英会話カリキュラム

ビジネスの現場で相手を動かす事が出来るコミュニケーション力の向上を目指します。教材は、ビジネスシーン毎に設計され、教材は、BBT大学や実践ビジネス英語講座で培われたノウハウを総結集し、オンラインでのレッスン用に新たにカリキュラムとそれを有効化するシステムを開発しました。

Professionals
プロの講師陣

グローバルビジネス経験とホスピタリティのある正社員の講師たちが、学習への不安を払拭し、個々に合ったレッスンを行っています。全員がオフィス勤務という目の行き届きやすい環境で、トレーナーによる定期的な研修・指導も実施しています。

Effectiveness
効果的な学習

10段階に細かく分かれたレベルと定期的なレビューレッスンで、レベルアップを図ります。予習・復習ツールとして、教材はもちろん、ネイティブによる教材の会話録音がダウンロードでき、レッスンとの相乗効果を高めます。

(1)ビジネスコース

Convenience
利便性

オンラインですので、場所と時間を選ばず、会社でもご自宅でも、休日も祝日もレッスンをお受けいただけます。
予約は24時間、レッスンの10分前までウェブで受付け、毎回お好きな講師を選べます。レッスンは深夜11時30分迄と、とても便利です。

Business
ビジネスコース

日常的なビジネスシーンでの英会話を学習したい方

● ビジネスコースのトピックス(一例)
人を描写する／プレゼンを始める
プレゼンを締めくくる
同僚を紹介する／話題の転換
人を褒める／提案をする 他

Management
マネジメントコース

組織運営や経営の環境で役立つ英語力を伸ばしたい方

● マネジメントコースの領域
部下のマネジメント／勤務評価
部門間折衝／対外交渉
緊急事態対応／専門領域
心理的葛藤

まずは、無料体験から！

BBTオンライン英会話
〒102-0084 東京都千代田区二番町3番地　麹町スクエア　TEL:03-5860-5578　https://bbtonline.jp/

No.1 ビジネス・コンテンツ・プロバイダー
株式会社ビジネス・ブレークスルー

大前研一総監修の双方向ビジネス専門チャンネル (http://bb.bbt757.com/)
ビジネス・ブレークスルー（BBT）は、大前研一をはじめとした国内外の一流講師陣による世界最先端のビジネス情報と最新の経営ノウハウを、365日24時間お届けしています。10,000時間を超える質・量ともに日本で最も充実したマネジメント系コンテンツが貴方の書斎に！

JCQバイリンガル幼児園（晴海キャンパス）
日本語／英語のバイリンガル教育と世界標準（国際バカロレア認定校）の教育を提供する幼児園。探究型学習で好奇心旺盛な自立した子どもを育成します。1歳からお預かり可能。
晴海キャンパス TEL: 03-6228-1811 URL: http://www.jcq.jp/

アオバジャパン・バイリンガルプリスクール（三鷹、芝浦、早稲田）
2018年4月、三鷹市に新規開校。バイリンガルな環境で英語コミュニケーション力、創造力、自己表現力を1歳から身につけます。無限の可能性で世界に触れよう。
TEL：0422-29-8977　E-mail：mitaka@aoba-bilingual.jp　URL:http://www.aoba-bilingual.jp/

アオバジャパン・インターナショナルスクール
国際バカロレア一貫校。幼少期から思考力、グローバルマインドを鍛える。都内4ヶ所に系列プリスクール有り。
TEL：03-6904-3102　E-mail：reception@aobajapan.jp　URL：http://www.aobajapan.jp/

ビジネス・ブレークスルー大学　経営学部　〈本科　四年制／編入学　二年制・三年制〉
社会人8割。通学不要・100%オンラインで学士号(経営学)を取得できる日本初の大学！日本を変えるグローバル人材の育成！
TEL:0120-970-021　E-mail：bbtuinfo@ohmae.ac.jp　URL：http://bbt.ac/

公開講座
◆問題解決力トレーニングプログラム　大前研一総監修　ビジネスパーソン必須の「考える力」を鍛える
　TEL：0120-48-3818　E-mail：kon@LT-empower.com　URL：http://www.LT-empower.com/
◆株式・資産形成実践講座　資産形成に必要なマインドからスキルまで、欧米で実践されている王道に学ぶ！
　TEL：0120-344-757　E-mail：shisan@ohmae.ac.jp　URL：https://asset.ohmae.ac.jp/
◆リーダーシップ・アクションプログラム　大前研一の経験知を結集した次世代リーダー養成プログラム
　TEL：0120-910-072　E-mail：leader-ikusei@ohmae.ac.jp　URL：https://leadership.ohmae.ac.jp/

スポーツビジネス実践講座　世界の潮流に学ぶ　スポーツビジネスに必要な本物のスキルや考え方を身につける
TEL：0120-910-072 E-mail：spobiz@ohmae.ac.jp URL：https://www.ohmae.ac.jp/ex/spobiz/

ビジネス・ブレークスルー大学大学院　どこでも学べるオンラインMBAで、時代を生き抜く"稼ぐ力"を体得！
体系的な経営スキル＋【問題解決・起業・グローバルビジネス】に特化した3つの実践コースを用意！
検索ワードはこちら：「BBT大学院」無料説明会も開催中！　TEL:03-5860-5531　E-mail：bbtuniv@ohmae.ac.jp

社内起業家養成プログラム - 新規事業を作りだせる人材を大前研一と大学院教授の直接指導で養成する
6か月間の集中プログラム TEL:03-5860-5531　E-mail：ml_idp@ohmae.ac.jp　URL：https://www.ohmae.ac.jp/idp

BOND大学ビジネススクール-BBTグローバルリーダーシップMBAプログラム(AACSB & EQUIS国際認証取得)
仕事を続けながら海外正式MBAを取得可能。グローバルに生きる世界標準の経営知識とセンスを身につける。
TEL：0120-386-757　E-mail：mba@bbt757.com　URL：http://www.bbt757.com/bond/

大前研一のアタッカーズ・ビジネススクール（起業家養成スクール）
起業に向けてアクションしたいあなたと徹底的に向き合う『ABS 1on1 起業プログラム』お申込受付中！
TEL：0120-059-488　E-mail：abs@bbt757.com　URL：www.attackers-school.com/

大前経営塾　経営者や経営幹部が新時代の経営力を体系的に身につけるための大前流経営道場
TEL：03-5860-5536　E-mail：keiei@bbt757.com　URL：http://www.bbt757.com/keieijuku/

ツーリズム・リーダーズ・スクール（観光経営プロフェッショナル育成プログラム）
観光地開発および経営を実践できる人財育成のためのオンラインスクール
TEL：03-5860-5536 E-mail：tls-info@bbt757.com　URL：http://tourism-leaders.com/

BBT X PRESIDENT EXECUTIVE SEMINAR
ATAMIせかいえで年に4回開催される大前研一他超一流講師陣による少人数限定エグゼクティブセミナーです。
TEL：03-3237-3731　E-mail：bbtpexecutive@president.co.jp　URL：http://www.president.co.jp/ohmae

お問い合わせ・資料請求は、TEL：03-5860-5530 URL：http://www.bbt757.com/

大前研一通信 特別保存版シリーズ

答えのない世界〈グローバルリーダーになるための未来への選択〉（大前研一通信特別保存版 Part. X）
ISBN978-4-9902118-8-2、四六判 240 頁、2017/3/10、定価（本体 1,300 円＋税）
未来を予見することが困難な 21 世紀のグローバル社会における IB 教育の必要性を詳解。

世界への扉を開く "考える人" の育て方（大前研一通信特別保存版 Part. IX）
ISBN978-4-9902118-7-5、四六判 240 頁、2016/3/18、定価（本体 1,300 円＋税）
グローバルな思考ができる人材育成に必須な国際バカロレア（IB）教育を紹介。

グローバルに通用する異能を開花する（大前研一 通信特別保存版 Part. VIII）
ISBN978-4-9902118-6-8、四六判 224 頁、DVD 付き、2015/2/13、定価（本体 1,500 円＋税）
世界に通用する能力を開眼させるために、自身が、我が子が、必要なこととは何かを提言。

挑戦〈新たなる繁栄を切り開け！〉（大前研一通信 特別保存版 Part. VII）
ISBN978-4-9902118-5-1、四六判 211 頁、DVD 付き、2013/10/25、定価（本体 1,500 円＋税）
日本のビジネスパーソンに著しく欠如している世界に挑戦する「気概」を鼓舞。

進化する教育（大前研一通信特別保存版 Part. VI）
ISBN978-4-905353-92-8、四六判 213 頁、DVD 付き、2012/11/16、定価（本体 1,500 円＋税）
世界に飛躍する人材育成を提示し、進化する「学び」のスタイルを公開した書。

警告〈目覚めよ！日本〉（大前研一通信特別保存版 Part. V）
ISBN978-4-905353-22-5、四六判 180 頁、DVD 付き、2011/11/11、定価（本体 1,500 円＋税）
危機迫る世界経済における新生日本に向けて放った 5 つの警告とは何か。

慧眼〈問題を解決する思考〉（大前研一通信 特別保存版 Part. IV）
ISBN978-4-930774-84-2、四六判 192 頁、DVD 付き、2010/11/12、定価（本体 1,500 円＋税）
隠れた真実を見抜き、問題を発見して解決する実践的思考法を公開、伝授。

パスファインダー〈道なき道を切り拓く先駆者たれ!!〉（大前研一通信 特別保存版 Part. III）
ISBN978-4-930774-49-1、四六判 160 頁、DVD 付き、2009/12/4、定価（本体 1,500 円＋税）
答えの見えない時代を突き抜けるための「学び」を凝縮したメッセージ集。

知的武装 金言集（大前研一通信 特別保存版 Part. II）
ISBN978-4-930774-11-8、四六判 192 頁、2008/11/18、定価（本体 1,000 円＋税）
社会を生き抜くために、全てのビジネスパーソンに贈る珠玉のメッセージ。

マネーハザード金言集（大前研一通信 特別保存版 Part. I）
ISBN978-4-930774-05-7、四六判 124 頁（2 冊セット）、2007/11/12、定価（本体 800 円＋税）
日本人が資産形成に目覚め、国に頼ることなく自衛するためのバイブル書。

ビジネス・ブレークスルー出版
〒 102-0084 東京都千代田区二番町 3 番地　麹町スクエア 2F　TEL 03-5860-5535 FAX 03-3265-1381

◎編著者プロフィール

大前 研一（おおまえ けんいち）

　1943年、北九州市生まれ。早稲田大学理工学部卒業。東京工業大学大学院で修士号、マサチューセッツ工科大学大学院で博士号を取得。経営コンサルティング会社マッキンゼー＆カンパニー日本支社長、本社ディレクター、アジア太平洋会長等を歴任。94年退社。96〜97年スタンフォード大学客員教授。97年にカリフォルニア大学ロサンゼルス校（UCLA）大学院公共政策学部教授に就任。

　現在、株式会社ビジネス・ブレークスルー代表取締役社長。オーストラリアのボンド大学の評議員（Trustee）兼教授。

　また、起業家育成の第一人者として、2005年4月にビジネス・ブレークスルー大学院大学を設立、学長に就任。02年9月に中国遼寧省および天津市の経済顧問に、また2010年には重慶の経済顧問に就任。04年3月、韓国・梨花大学国際大学院名誉教授に就任。『新・国富論』『平成維新』『新・大前研一レポート』等の著作で一貫して日本の改革を訴え続ける。

　『「一生食べていける力」がつく大前家の子育て』（PHP研究所）、『「老後不安不況」を吹き飛ばせ！』（PHPビジネス新書）、『武器としての経済学』、『個人が企業を強くする』（小学館）、『日本の論点2018〜19』（プレジデント社）、『テクノロジー4.0』（KADOKAWA）など著作多数。

企画・編集	小林豊司（大前研一通信） 宇野令一郎（AJIS、AJB）
ブックデザイン	霜崎穂奈美
本文デザイン・DTP	小堀英一
寄稿・掲載協力	伊藤泰史（p.school）／白崎雄吾（BBT大学）／廣田嘉明（LAP）
出版協力	柴田巌／政元竜彦／白井龍三／滝川季子／神島朋子／塩沢夕子／清水愛／ 吉永友恵／山口夏紀／小熊万紀子／板倉平一／丸山果織／馬場隆介／大枝章吾

自ら人生の舵を取れ！
（みずか　じんせい　かじ　と）

Find yourself　Lead yourself

大前研一通信・特別保存版 Part.11

2018年3月13日　初版第1刷発行

編著者	大前 研一／ビジネス・ブレークスルー出版事務局
発行者	株式会社ビジネス・ブレークスルー
発行所	ビジネス・ブレークスルー出版 東京都千代田区二番町3番地 麹町スクエア2F（〒102-0084） TEL 03-5860-5535　FAX 03-3265-1381
発売所	日販アイ・ピー・エス株式会社 東京都文京区湯島 1-3-4（〒113-0034） TEL 03-5802-1859　FAX 03-5802-1891
印刷・製本所	株式会社シナノ

© Kenichi Ohmae　2018　printed in Japan
ISBN978-4-9902118-9-9